爱情心理学

韦志中　薄艳艳

著

台海出版社

图书在版编目（CIP）数据

爱情心理学 / 韦志中，薄艳艳著 . —— 北京：台海
出版社，2020.7
ISBN 978-7-5168-2519-8

Ⅰ . ①爱… Ⅱ . ①韦… ②薄… Ⅲ . ①恋爱心理学—
通俗读物 Ⅳ . ① C913.1-49

中国版本图书馆 CIP 数据核字（2019）第 286498 号

爱情心理学

著　　者：韦志中　薄艳艳

出 版 人：蔡　旭　　　　　　　　封面设计：末末美书
责任编辑：赵旭雯　李　媚

出版发行：台海出版社
地　　址：北京市东城区景山东街 20 号　邮政编码：100009
电　　话：010 — 64041652（发行，邮购）
传　　真：010 — 84045799（总编室）
网　　址：www.taimeng.org.cn/thcbs/default.htm
电子邮箱：thcbs@126.com

经　　销：全国各地新华书店
印　　刷：天津旭非印刷有限公司
本书如有破损、缺页、装订错误，请与本社联系调换

开　　本：880 毫米 × 1230 毫米　1/32
字　　数：202 千字　　　　　　　　印　　张：9
版　　次：2020 年 7 月第 1 版　　　印　　次：2020 年 7 月第 1 次印刷
书　　号：ISBN 978-7-5168-2519-8

定　　价：49.80 元

前　言

　　中国有五千年的历史。从古至今，中华文化中的婚姻爱情故事灿若星河。追求美好爱情是人类的本能，也满足了人们方方面面的需要。文化是心理发展的根基。从人们的心理层面和社会层面来看，根植于中国文化背景中的爱情、婚姻、家庭等关系，经过几千年的发展，蕴藏着无数的瑰宝，也迸发出无限的精彩，有着很深的智慧值得我们去探究和应用。

　　人类文明在高速进步，中国社会在飞速发展，我们的心理也在随着社会的发展而不断变化。与此同时，我们对于婚姻爱情的需要也在与时俱进。我们要密切关注在这飞速发展的时代里，自身在心理上的变化以及是否有相匹配的适应能力。

　　我通过20年的婚姻爱情临床咨询观察，通过社会观察，从爱情满足人们需要的视角，尝试着将爱情划分为三种类型。

　　第一种是"经济型"，也可以称为"合作型"。为了生存，两个人一起合作，一起获得食物。为了繁衍，一起合作。为了发展，一起合作。为了事业，一起合作。只有合作，我们才能更好地生存、发展、做事业。经济型的爱情，就是满足生存、繁衍、发展等本能需要的一种爱情形式。

　　第二种是"幸福型"。幸福是一种主观的体验。爱情里的幸福感包括积极的情绪、双方投入地去爱、积极的两性关系、自我价值的实现、体验到成就感。爱情中的依恋行为，是人与人之间获得快乐、实现价值的重要途径，能够帮助人实现精神自我满意的状态。人是需要满足社会需要的。在社会中，我们需要让别人看到我们过得很好的样子。我们要和别人比较。我们要回应文化的期待，不仅要回应外部的期待，还要回应内部的期待。我们要追求精神的自由。幸福型的爱情，就是两个人相互促进，相互给予，相互使双方感到幸福和满足。现在有很多婚姻出问题，就是因为两个人相互不能满足幸福型爱情所具有的内容。比如，没有爱的感觉，也不觉得被对方理解和尊重，甚至感受不到被爱。这时候就又回到经济型了，两性关系的质量就下降了。

如果把经济型的爱情和幸福型的爱情做一个对比，经济型更多的是围绕生存、繁衍和发展；幸福型更多的是围绕爱、亲密和归属，体现人的精神追求，甚至包含了自我实现。一对爱侣在一起时，彼此都觉得自己的状态很好，感到很幸福。

第三种是"成长型"。现如今，我们越来越关注精神追求，我们对爱情的期待逐渐发展为希望爱情可以让我们变得更好。我们看到很多"80后""90后"的年轻人，对爱情更多的希望是：我和你在一起，会使我变得更好，也会使你变得更好，我们可以一起获得成长。

成长型的爱情，跟前两种就不一样了。成长型的爱情，把人生视为一次修行，爱情就是修行的手段和过程。我和你在一起，共同学习，相互促进，彼此陪伴。我们在爱情里一起成长，我们彼此促进对方不断走出舒适区，不断去挑战人生的最近发展区，一起在生命里创造更多的美好，我们自己也变得更好。灵魂伴侣，并驾齐驱。

人类在发展，文明在前进，人们的婚姻爱情也在不断进步。一开始，普遍是经济型。后来，慢慢开始追求幸福型。我们开始更多地为了自己的感觉，更多地为了满足社会心理的属性，而去建立一份爱情。接下来，我们的社会中，进入成长型的爱情会越来越多。两个人在一起，相互照见对方，相互促进对方，共同学习，因为对方而变得更好。人一生要做的事很多，虽然我们每天围绕着柴米油盐、生儿育女而忙碌，但其实人的生命状态是不断地超越自我，不断地进步，不断地觉察，不断地成长。人生是一场修行，人生是一个不断遇见更好的自己的过程。自我心理成长是人一生的主题，婚姻爱情也应为这个目标做出贡献。

很多人不结婚，不是不想恋爱，不是不想找另一半，而是找不到。他们内心的目标和期待没有办法实现。比如，有的人希望找到一个让自己感到幸福的人，找到一段让自己感到幸福的爱情关系，再走进婚姻。有的人希望可以和一个人合作得很好，不要出现问题，不要被出卖，不要被背叛，不要太辛苦。有的人希望找到一个伴侣，可以让自己变得更好，可以实现精神自我高贵的样子，需要的是灵魂的伴侣。

我们对爱情的期待，已经不似以前了。每经过 3～5 年，就会有一次大的提高。从经济型期待到幸福型，从幸福型期待到成长型。与此同时，虽然我们内心的期待提高了，但是并不见得我们就拥有经营这些爱情类型的能力。我们姑且把这些能力叫作爱情的心理资本。很多人在婚姻中不幸福，是因为不懂得爱，没有爱和被爱的能力，没办法实现心理的依恋、社会的依恋，也就追求不到爱情。

还有一些人受过高等教育，内心追求精神世界的富足，于是就追求成长型的爱情，追求可以让自己变得更好的人。但民间有一句谚语，叫作"心比天高，命比纸薄"。因为并不具备追求这种高质量爱情的能力，所以很多人没有办法去真正获得一份很好的爱情。有的人获得之后，又没办法经营下去。走进婚姻之后，又不能长期保持，不能与时俱进，不能共同成长，即使婚姻解体了，也不能重新开始。

原因就是我们对爱情的需求发生了改变，需求层次不断地提高，但实际上我们进步的速度，跟不上内心的期待。就好像我们很想去赚更多的钱，但是又不具备赚这么多钱的能力。很多人还没有找到怎样学习成长的方法。目前来讲，社会就处在这个阶段。我通过大量的心理咨询的临床观察，通过社会心理研究观察，看到社会中很多人都在追求幸福，都在追求人生的价值，处在从低级走向高级的阶段。而人们普遍存在着对爱情日益发展的需要与实际经营爱情的能力之间不充分、不匹配的矛盾。

革命年代，人们对婚姻爱情的期待是有共同的志向。很多婚姻都是由领导安排，两个人要假扮夫妻，要一起工作，就恋爱了。那时的爱情就是经济型、合作型。两个人，你照顾我，我照顾你，共同实现对事业的追求，一起养育孩子，共同把孩子抚养大。

当社会经济发展到一定阶段，我们就开始追求幸福了。不光要实现目标，还要在实现目标的过程中感受到快乐，感受到爱的感觉，感受到依恋的满足，感受到被尊重、被看见，感受到温暖，要找一个"暖男"，要找一个温柔善良的女孩子，这样就满足幸福型爱情的需要了。

　　如今，社会已经发展到了追求成长型爱情的阶段了。人的一生中，推动我们前进的动力是什么？有本能的动力，有社会价值的动力。本能的动力就是需要满足基本的吃、穿需要，为了摆脱贫困，为了吃商品粮，为了有工作。这就是本能的动力。等吃饱穿暖后，我们就会开始追求自我价值，想要活得更像个人，幸福型爱情时代就来了。爱情的需要和社会的发展是同步的。人的一生，当本能和社会价值这两种动力都满足了，就会希望再向上升级。人有一种原始动力，就是不断超越自我，希望自己变得更好。这就是修行，就是自我成长，就是人生的意义。

　　从这个角度来说，爱情在这时候要扮演什么角色？我们现在吃得饱，穿得暖，有稳定的工作，社会和谐，国家也将更加繁荣富强。在这种情况下，更多人会有自我成长的需要。在人们追求自我超越的过程中，爱情的功能就发生变化了。如果找一个人，可以一起成长，一起探讨人生，一起学习，一起进步，相互促进，在彼此面前可以看见新的自己，不断地升级，这样才是真正的爱情。此时，爱情的功能就变成促进彼此成长了。

　　有的人说："我也想追求成长型的爱情！"那么你具不具备追求成长型爱情的能力呢？你有没有这样的心理资本呢？你是不

是一个学习型的人呢？如果你不是一个学习型的人，你还想追求一份成长型的爱情，怎么可能呢？一个很爱学习的人，每天都在追求自我超越；一个不自律的人，好吃懒做，平时也不爱学习，一年看不了几本书，这样的两个人怎么可能过到一起呢？所以，我们不要一边不接受现实，一边又对现实无能为力，不去改变。我们不要心里想着要追求成长型的爱情，实际行动上又不学习、不成长。这就很糟糕了。

新时代的爱情，在需求方面、形式方面已经发生了改变。我们也要与时俱进！我们不要出现能力不充分、不匹配的情况。

在本书中，我们精选了关于婚姻爱情的 20 个非常重要的主题，包括找一个什么样的人结婚、婆媳关系、家庭文化的冲突与融合、角色匹配、爱情仪式、离婚、再婚、破解家庭暴力、婚姻危机干预、两性沟通、性、亲子关系、女性的自我成长、家庭未来建设等。我们在这 20 个主题中，既运用到中国文化中的婚姻爱情智慧，也借鉴了世界先进的爱情心理学成果，结合我们的实践研究成果，带给大家关于爱情婚姻非常有必要了解的智慧；并针对每个主题提供了与之相应的心理成长技术，大家会在这些心理技术的体验中获得成长。无论你追求的是哪种类型的爱情，在这 20 个篇章的内容中，你都能够获得自己需要的智慧和成长。接下来，如果你有兴趣，你还可以沿着这些爱情心理学知识进一步去探究。如果你觉得学到这些后已经很明白了，就可以在生活中去运用这些智慧，通过行动来获得更多的成长，享受成长带来的快乐和意义。

婚姻家庭，是传承文化的地方，也是发展文化的地方。文化决定我们的人格，人格是我们一生的动力源泉。因此，婚姻家庭在我们的人生中起到的是根源性的作用。无论是夫妻关系朝向积极发展，还是孩子获得健康成长；无论是家庭成员的快乐幸福，还是每个人的自我价值实现，都需要人格的健全发展作为基础。而人格的发展背后，需要健康的婚姻家庭，需要我们经营婚姻爱情的能力。

　　祝愿天下人都能够找到匹配自己的爱情，都能够在爱情中获得成长，拥有美满的婚姻家庭，让人生充满幸福和意义。

韦志中

2019 年 8 月 30 日于广州

目 录

CONTENTS

001

目 录

CONTENTS

第三章　婆媳关系——两个对我恩重如山的人

目 录

CONTENTS

第四章　一张床，六个人

第五章　六个人，一张床

目　录

C O N T E N T S

004

第六章　一个人，六张床

目　录

CONTENTS

005

目 录
CONTENTS

006

第九章　逃避不是通往幸福的路

目 录
CONTENTS

007

目　录
C O N T E N T S

第十二章　婚姻危机干预

目 录
CONTENTS

/

009

第十三章　甜言蜜语：两性关系的沟通方法

目 录
CONTENTS

010

目 录
C O N T E N T S

011

第十六章　再婚家庭的经营

目 录

CONTENTS

/

012

第十七章 孩子是婚姻的报警器

第十八章 爱情旅程四车道

目 录
CONTENTS

013

第十九章　女人你的名字不是弱者

目 录

CONTENTS

014

第二十章 家庭的未来

第一章

找一个什么样的人结婚

找一个什么样的人结婚？这是一个很重要的问题。

中国古代有月老"千里姻缘一线牵"的美丽神话，夫妻出生时即用一根红绳系在彼此的脚上，这样他们便一定会遇见并且结为夫妻。婚后相敬、珍惜、同心、忠贞，必能和美一生，即便渡过种种劫难依然可以相守到老、幸福到老，这赋予了婚姻最为美好的祝福。不仅如此，结成一桩姻缘，还有引线红娘、寿星、千禧星君、配偶仙官、合和二仙、拨缘童子等神仙登临，为夫妻结缘举行庄重的仪式。这虽然是神话，但是夫妻相互尊敬、珍惜、同心、忠诚等积极心理学思想，依然值得当代人借鉴、思考。这也说明，古人对经营好婚姻所需要的积极心理品质因素，已经进行了较为细致的思考。

心理健康，是夫妻美满的直接动力

找一个什么样的人结婚会幸福？如果问经济学家，他可能会说，找个会赚钱的人。如果问法学家，他可能会说，找一个遵纪守法的人。如果问社会学家，他可能会说，找一个品德高尚的人。如果问心理学家，他会说，找一个心理健康的人结婚。

为什么这样说？因为很多问题都源于两个人在人格上的不完善。有的人在婚姻中没有爱的能力，这是不健康的；有的人在生活和工作中遇到困难就躲避，或是破罐子破摔，这是不健康的；

有的人情绪容易激动，这是不健康的；有的人在相处中不能尊重对方，做出一些伤害对方的行为，表面上看是一种道德问题，实际上还是因为内心可能会有某些恐惧……这一切的背后都是源于心理不够健康。所以，我们要保障自己的幸福，就要考虑对方是不是一个心理健康的人。

心理健康的人具体有什么标准呢？第三届国际心理卫生大会认定心理健康的标准主要有四个：其一是身体、情绪、认知十分协调；其二是能够适应环境，人际关系和谐，能够彼此谦让；其三是拥有幸福感；其四是在工作中能充分发挥自己的能力，过着有效能的生活。找一个心理健康的人结婚，对我们的婚姻生活质量大有裨益。

第一，心理健康的人是内外和谐一致的人。当一个人的身心一致，并且身心体验和外在的境遇一致，就能够对自我和现实产生正确的认识，并且能够真诚对待自己和他人，这在夫妻相处中，是很重要的。这会让伴侣产生更多的安全感，婚姻生活中产生误会、矛盾和纷争的概率也随之降低。

第二，心理健康的人能够适应环境，注重建设和谐的夫妻关系。他们不仅珍惜伴侣，也珍惜伴侣生命里其他重要的亲人和朋友。他们不仅疼爱自己的孩子，也疼爱伴侣生命里其他重要亲友的孩子。当双方家庭文化导致生活方式、生活观念等不一致时，他们能够快速去调整，而不是控制对方必须和自己的家庭文化保持一致，能够和伴侣保持相互尊重、理解、支持、关怀的积极关系。当家庭遇到风雨波折时，心理健康的夫妻也更有毅力去应对困难和挑战，彼此互助，甚至把克服困难视为强者的象征，建立起充满勇气、坚韧的家庭文化。

第三，心理健康的人重视人生意义的探索，重视人格的自我完善。人生意义既包括美德的日益完善，也包括自我的实现，并且把个人的成就融入社会的发展，解决社会和人类的问题。追求实现人生的意义，是一种高级的生活方式，能够有力提升心理生活的品质，让夫妻双方的心灵沐浴在高尚、成就和意义的幸福感中。马斯洛发现，心理健康的人能够呈现出方式多样、水平较高的创造性，具有一种自我实现的创造力。人们在生活中经历的事情和自身的价值观，会影响感情的发生和程度。当一对夫妻在生活中做着具有高尚美德或者具有自我实现意义的有创造性的事情时，会引发彼此产生强烈的情感，让夫妻感情更幸福、深刻、长久。

值得注意的是，人格独立是婚姻积极关系建立的一个非常关键的因素。当一个男人和一个女人开始谈恋爱，彼此就把很多的自我放到了对方身上，甚至失去了自我。人格不独立的人，内心常常没有安全感，与爱人相处中遇到一些小问题就会感到不满或者与对方吵架。而人格独立的人，则有能力较为自如地调控自我放在对方身上的比例，能够允许对方和自己不一样，也能够允许自己和对方不一样，具有较多的安全感，也就不会去控制对方，而是让对方感受到被尊重、理解、接纳和支持。研究发现，内心安全感较多的人对自己的爱情更满意，和爱人相处中能感受到很多的快乐，愿意信任爱人，也愿意投入更浓烈和持久的爱，在日常聊天中也会让爱人感受到温暖和亲密的幸福感。

另外，当一位没有安全感的人遇到一位安全感特别足的人，两个人恋爱或者结婚的话，安全感足的一方给予对方非常多的爱、温暖和包容，没有安全感的这一方也是有可能重获安全感的。有一项这方面的研究发现，30% 的年轻女性在两年时间里改变了她们的依恋类型，成了有安全感的人。比如说黄蓉，黄蓉的母亲早年离世，而父亲黄药师的脾气又甚是古怪，对于女儿的爱往往表现得很极端，这些就使得黄蓉在情感方面有着强烈的依靠需求，而郭靖宽厚、憨直的性格恰逢其时地满足了黄蓉的情感需要。反过来对于男孩子也是一样的，如果本来原生家庭不怎么好，或者人格上不是很健全，结果却找到了一个就像观音菩萨一样慈悲为怀的人。大慈大悲，"慈"就是带来快乐，"悲"就是化解不快乐。如果找一个这样的女人去爱自己，那么人生就完全不一样了。

一位女子的悲剧

随着经济的发展，人们的生活水平普遍有了很大的提高。但高质量的生活并不能只有物质享受，充实的精神生活、健康的心理状态以至达到人格的健全，才是更适应人类发展的生活追求。在婚姻关系中，人们的心理生活品质也是非常值得重视的。

有一位王女士，她和丈夫在认识五年之后，渐渐发展成了恋爱关系。恋爱期间，王女士感觉丈夫还算细心，也会关心人。恋爱一年后，王女士考虑到自己的年龄也不小了，就结婚了。结婚时，丈夫的工资是一个月1000元，在当时这样的收入水平算是很低的，婆家也没什么钱，两人完全是裸婚。王女士相信爱情的力量，认为只要有爱情，钱是不重要的。

结婚后，两人由于没有房子，就和丈夫的父母住在一起。一年多以后，王女士生了一个女儿。随着女儿的出生，两人的经济压力越来越大。王女士除了照顾女儿，还要出去工作赚钱。孩子的吃穿全是她负责，丈夫只是偶尔买点奶粉，其他就什么都不管了。王女士希望丈夫换一份工作，因为他的工资根本不够生活。而她的丈夫认为，虽然工资不高，但这份工作有前途。王女士觉得丈夫说的只是借口，一个月1000元的工作能有什么前途？根本就是他怕辛苦，不想换罢了。

丈夫的家里人对王女士也不是很满意，连她坐月子，他们也不给她补充营养。还是王女士的妈妈拿了些东西来给她补身子。婆婆整天在儿子面前说她的坏话。只要是婆婆说的，无论是对是错，丈夫都听，然后就来骂王女士。婆婆一天到晚在家里基本不做家务，就盯着儿媳挑毛病。无论王女士做什么，婆婆都能挑出毛病来。弄件衣服洗个碗，她都拿出来说。当着家人的面，婆婆还骂一些很难听的话。王女士有一次没忍住，就和婆婆对骂起来，丈夫当时就动手打了她。

王女士也不是没想过离婚，但是她认为离婚更没办法生活下去。房子是丈夫父母的，离婚也没她的份。王女士工资不高，出去租房子很困难。如果和丈夫、孩子搬出去住，组织三人小家庭，远离婆婆，也许会好一点，但是他们的工资根本不能够出来租房子。

王女士现在感觉很崩溃，有时候总忍不住想："我当初怎么就瞎了眼找了这么一个人！他没钱不养家我也认了，可他联合他父母一起来欺负我，我连起码的尊重和爱都得不到！这日子还怎么过？"可是王女士回不了头，也离不了婚。虽然她知道这样下去只会越来越痛苦，但是她拯救不了自己。

心理不健康，婚恋中充满危机

之前在网上有关于"六种男人不能嫁"的言论：一、对你呼来喝去的男人不能嫁；二、心地不善的男人不能嫁；三、不自信的男人，一开始说配不上你的男人不能嫁；四、家庭关系恶劣的男人不能嫁；五、对自己小气，对女人哭喊的男人不能嫁；六、花心的男人不能嫁。其实从心理学的视角看，这六条言论可以汇总为一条，那就是心理不健康的男人不能嫁。

王女士的丈夫，对妻子没有爱的能力，不能够去面对生活中的困难，情绪也容易激动，不能够尊重妻子，这些都是心理不健康的表现。与其今天这样去否定，不如当初我们擦亮眼睛。在还未婚时，我们就要问一问自己，该找什么样的人结婚？我们在选择的时候，就要去选择一个有可能在未来留下隐患和不幸福的因素少的人。

心理健康，是夫妻美满、家庭和睦的直接心理动力源泉。心理不健康，婚恋则充满危机，有时候还会引来杀身之祸。曾经有两个读化学专业的学生恋爱了，后来一起留学去了美国，并在美国结了婚。过了几年之后，男人就死了。警方检查之后发现是汞中毒。原来他的妻子每天都在他的食物里面下一点汞。其实在现实生活中，有很多这种情杀的案件。

这些婚姻不良事件，其实源于婚姻中的一方或者双方心理人格不完善。电视剧《不要和陌生人说话》中的安嘉和就患有边缘性人格障碍。在现实生活中，我们接待的来访者里大约有 20% 是边缘性人格障碍。边缘性人格障碍的个体，容易激惹，情绪不稳定，对自己的安全不确定，人际关系紧张，自卑，有时候会采取攻击行为。很多时候，我们因为没有经过临床心理学的诊断，觉得这个人看起来好像都很正常。实际上，家庭暴力事件里有相当多边缘性人格障碍的案例。大家想一想，如果你在选择配偶时，选择了一位有边缘性人格障碍的人，婚姻幸福还能有保障吗？如果选择一个创伤已经很严重的人，一个安全感很低的人，婚姻幸福还有保障吗？

心理不健康的人，会产生扭曲体验

我们在婚姻辅导中，会看到有些人习惯去责备对方。其实，当一个人来诉说的时候，他说的基本有一半都与事实有出入，这是因为两个人的感受不一致。我们会看到来访的夫妻，他们对于同一件事的感受都不会一致。比如，他们经常会争议的一个问题是：妻子说丈夫打她了，丈夫说没打。如果深入调查，你会发现他们两个人说的都对。因为他们的理解不一致。两人离得太近，一个人认为对方要攻击自己，所以就推了对方一把。推的人就认为只是推而不是打，而被推的人却认为自己被打了。虽然他们记得的是同一件事情，但分别是两种理解和感受，这就是体验。我们不要小看这样的体验，越是心理不健康的人，越容易把这个事件带来的体验夸大。有一些心理不健康的人非常敏感，你无意中看他一眼，他就觉得你对他很不满意，他马上就会有强烈的情绪反应。心理不健康的人，会把很小的事情闹大，有时没事也会闹一番。而心理健康的人，则具有大事化小、小事化无的能力。

选择伴侣要有是非之心

我们在选择伴侣的时候，除了看他的心理是否健康，还要注意识别这个人的人际关系。如果不管他对别人怎么样，他只要对你好，你就认为他是最好的，这就叫没有婚姻爱情的"是非之心"。"是非之心"是孟子的四端学说之一："无是非之心，非人也。"爱情的"是非之心"是要公正客观地看待这个人。比如，他对自己的父母非打即骂，但他对你很好，你敢跟这个人结婚吗？等你成为他的亲人之后，他对你是否也会非打即骂。所以一定得客观地去看待对方，要能够分辨出来。

心理健康的人，面对问题有应变能力

王女士认为自己当初瞎了眼，其实并不是。只是那时他们不是夫妻关系，她并没有把男友的一些心理上的不完善、人格上的不健全，当成重要的部分去思考。结婚之后，关注的重点就不一样了。一个心理健康的人，是有适应能力的。当一个人发现婚姻生活跟预想的不一样，就会马上适应环境从而做出调整。能动地适应环境，这本身就是心理健康的体现。王女士在结婚之前对自己的婚姻是有憧憬的，结婚之后她肯定会发现这跟预想的不一样。婚前教育得再好，到婚后还是得人们自己去体验，体验完之后做出调整去具体地适应，这叫随遇而安。她不能随遇而安，本身就是心理不够健康的体现，就说明她在一些事情上太过于固执，太过于坚持自己的想法而不能向别人妥协。与一个人结婚后，只有相处了，才可能融入一个家庭，只有融进去了才有机会得到幸福。就是说，只有随遇而安才能得到幸福。

所以，心理健康不是在结婚之前把所有的问题排除完了，这一辈子就没有问题了。心理健康是能够能动地适应环境，遇到问题之后还能够客观地去解决问题。遇到问题之后，心理健康的人解决方式跟不健康的人的解决方式是不一样的。比如说，我们在一起确实不合适，分手了。心理健康的人就会说："谢谢你，亲爱的，祝你以后能找到自己的幸福。"而且，两个人还可以约好到当初相遇的地方去做个告别仪式，离婚的时候也可以彼此祝福对方。心理不健康的人就不一样了，有的人会想办法让对方没有好日子过，有的人甚至会以死来要挟对方。

自我成长，开启婚姻幸福动力

结婚，找一个心理健康的人很重要。那么，如果你已经结婚了，就可以试着提高自己的心理健康水平。所有在婚姻中抱怨另一方的人都是源于：第一，人格上有一部分没有成长完善；第二，没有为自己去做出选择，会有心理冲突。等人格上需要成长的部分成长好了，要么就是另一半走开，要么就是另一半也开始成长，因为对方会在无形中感受到压力。网校有一些女同志，她们一旦学习成长到了一定程度，自信提升了，家里的爱人就很担心，以前对她们不闻不问，现在突然不一样了，每天嘘寒问暖。妻子打扮得很漂亮出门，丈夫就很焦虑。

社会心理学对两性关系的研究表明，另一半对你的语言、行为、态度，决定了你的财富与幸福。大学毕业的时候，同学们脸上都带着对未来的憧憬，充满了青春洋溢的色彩。但是过了十年，当同学聚会的时候，原来意气风发的人怎么样了？可能脸上只剩下黑白了。你问他："你当初的愿望和理想还有吗？还在追求吗？"他会说，现在没有一点斗志，过一天是一天吧。让他没有斗志的原因，有可能就是因为身边的另一半。

其实，婚姻经营中，如果你对自己的婚姻不满意，却仅仅一心指望着对方做出改变，是很难有成效的。要想让别人改变，首先自己得改变。你的改变，对别人就会是一种促进，让他不得不改变。他不改变，就会害怕。当然，你也不能一下子改变太多。比如，你改变得太好了，他一下子崩溃了，他自卑，他逃避，最后就自暴自弃了。你改变一点点，刺激他一下；再改变一点点，再刺激他一下。当然，这个目的很简单，不是为了让对方改变，而是要让自己好起来，自己要快乐。

心理成长体验

给自己的父母亲写一封感恩拜访信，找一个适当的时候，拿出来读给他们听。

参考文献

1.郭念峰，虞积生.国家职业资格培训教程：心理咨询师（基础知识）[M].北京：民族出版社，2015：32.

2.张掌然.心灵之窗：心理学启示录[M].武汉：湖北人民出版社，1999：8.

3.杨鑫辉.杨鑫辉心理学文集第二卷[M].济南：山东教育出版社，2015：456-457.

4.[美]Jerry M. Burger.人格心理学（第八版）[M].北京：中国轻工业出版社，2015：149-151,292.

第二章

爱情的三个核心元素

当我们问一些夫妻过得怎么样时，有的人说："我们已经是亲人了。"有的人说："就这么凑合着过下去，我们相互有责任，只要他不把我们的钱拿到外边去就行了。"有的人说："还不错。"有的人说："已经没有话说了，他跟我提出离婚了。"为什么会有这么多不同？当我们想要理解自己的婚姻和爱情现状时，当我们想要提升自己的婚姻爱情品质时，就必须要了解一下爱情的三个核心元素。

爱情三元素理论

美国耶鲁大学的心理学教授 R.J·斯腾伯格提出了爱情的三个核心元素理论，认为人类爱情包括"亲密""激情"和"承诺"三种元素。它们组成了爱情三角形的三个顶点。

"亲密"是指两个人在一起时温暖的体验，能够促进双方产生亲近、归属、联结等情感。"亲密"具体表现为：和爱人彼此关心对方的身心感受，在一起时体验到安全感，体验到发自内心的快乐，可以和爱人进行亲密的沟通交流，并且多使用温暖、积极、富有建设性的语言；高度关注爱人，重视爱人在自己生活中的价值，能够尊重、理解、接纳爱人；愿意和爱人分享自己的内心世界，分享自己的所有；能够第一时间在情感和物质上支持爱人，也能够接受爱人在情感、物质方面的支持。

"激情"是指在爱情中感受到浪漫，感受到彼此之间强烈的性吸引，拥有美妙的性体验。"激情"具体表现为：两个人在一起时做什么都觉得很浪漫、很兴奋；互相给对方起一个到多个亲昵的称谓；一点点挑逗的动作、表情和言语，就可以激起性爱的冲动和行为，相互欣赏对方的身体和心灵，感受到强烈的爱的体验；两个人感受到因为对方，自己的生命变得充满了色彩。

"承诺"是指两个人体验到对彼此的爱情，并且做出相爱的决定；或者愿意长久地维持对彼此关系的投入、忠诚、责任心和义务，而不论是否真的相爱。"承诺"具体表现为：只和对方在一起，忠诚地守护两个人的关系和家庭；照顾彼此的健康，并且尽可能为彼此的美好生活做出努力；照顾孩子和彼此的老人。

爱情的三个核心元素，也是人们在爱情和婚姻中的三大核心需求，是爱情和婚姻发展的动力。我们看待这三个核心元素，要运用历史观、文化观和发展观。

历史观是指，爱情和婚姻进行过程中，过去影响着现在，现在影响着未来。我们在婚姻中当下的情况，可以从过去的相处中寻找原因。我们当下所做的努力或不努力，也会对未来产生影响。

文化观是指，我们在爱情和婚姻中的亲密、激情和承诺的方式，都具有当代中国文化特有的形式。例如，中国人举办婚礼，即便融合了世界文化，新娘穿起了白色婚纱，新郎穿起了西装，但在新家里也一定会贴上中国婚姻文化中特有的大红喜字。这个红红的喜字，就是新婚时亲密、激情和承诺的浓烈的文化表达，会让新郎新娘产生浓烈的喜悦和对新婚生活的憧憬。不同的地区还会存在特殊的地域文化特征。例如，在晋南一些地方，在订婚那天，女方还要由亲戚陪同去一次男方家，返回时，男方除了送女方一定数量的钱财外，还会送一捆棉花，称为"沾亲棉"，意思是从此沾亲带故、情意绵绵。在不同的家庭中，不同的家庭文化，也会影响一个人对于亲密、激情和承诺的表达方式。例如有的人不太会讲话，但会在婚姻中为爱人做很多温暖的事情；有的人强势一些，霸道一些，却是为了保护对方，避免对方在外面遇到危险。这是值得我们用心去理解和体会的。

发展观是指爱情的三个核心元素会随着爱情和婚姻阶段的不同有所变化。我们在爱情和婚姻中要与时俱进，不能要求一成不变。在一段关系中，亲密、激情和承诺三个核心元素所占的比重不同，爱情三角形的形状不同，展现出的爱情生活风貌也完全不同。对此，我们要学会解读并且有对策。这也是我们经营爱情和婚姻时很必要的智慧。

一位女士对婚姻的迷茫

赵女士出生在 20 世纪 60 年代末，母亲在她 7 岁时得重病去世。3 年后，父亲娶了继母也搬了出去。大她 9 岁的大姐一直像母亲那样疼爱她。大学毕业以后，姐姐帮她找了工作，又帮她张罗着找男朋友，每到周末就会催赵女士回去相亲。不过赵女士觉着自己才二十出头，就没把相亲这件事放在心上。

有一天中午，姐姐又带人约赵女士到公司附近见面。三人正在饭店吃饭时，赵女士忽然抬头看见上司正带着客户走来，她只得尴尬地起身向上司介绍姐姐。姐姐请上司多关照一下自己的妹妹。看到上司离开时那种似笑非笑的表情，赵女士恨不得马上找个地洞钻进去。

赵女士的部门应酬一直很多。以前她跟着上司出去倒没觉得什么，自从那次相亲被他撞到以后，心里总觉得有点怪怪的，经常会感觉上司的目光一直在注视着自己。秘书也开玩笑地对赵女士说："老板很关心你噢！"有一年年底，上司带赵女士去深圳参加一个高规格的年会。由于总有人劝酒，赵女士推脱不掉，就连喝了五六杯红酒。上司也帮她挡了不少酒，两人都喝得晕乎乎的。年会结束后，赵女士就紧靠着上司跟跟跄跄地走回客房。她觉得这个男人身上有一丝亦兄亦父的影子，产生了一种想要依靠的感觉。那天晚上，两人就发生了关系。

之后，赵女士就再也不肯去相亲了。她把上司带到家里，大姐对他似乎很满意，二姐觉得他城府有点深。那时，赵女士已过24岁，不想总靠着姐姐照顾，觉得上司对自己还算用心，各方面条件也不错，就想着早点嫁了。

结婚后，赵女士就过上了衣食不愁、有房有车的生活。本想着和丈夫好好享受一下浪漫的生活，但是，她发现很多时候，两人都摆脱不了那种上下级的关系，一天说不上几句话。赵女士学着煲汤做菜、整理房间、穿性感的衣服，也没见丈夫有什么表情。有时她撒着娇嚷着要和他出去散步，他说一句"我累了"就径直进了书房。赵女士不明白丈夫为什么要和她结婚，当初就算是冲动，也可以不娶她。可既然结婚了，为什么对她这么冷淡？她甚至怀疑自己对丈夫产生心动的感觉，只是酒后的一种幻觉。

赵女士一直很羡慕大姐夫妻俩的生活。大姐跟大姐夫就像亲人一样。赵女士经常去他们家蹭饭，看他们一家三口有说有笑。二姐家就没那么幸福了。大姐告诉她，二姐背着二姐夫去炒股，把夫妻俩这两年做生意辛辛苦苦赚来的钱都搭进去了，还欠了不少债。二姐现在可能觉得内疚，对二姐夫也不像以前管得那么紧了，看到二姐夫偷情也只能忍着。后来，二姐也出轨了。

结婚半年多，赵女士终于怀孕了。有了孩子之后，赵女士感到丈夫似乎也温情了许多。赵女士几乎将满腔热情都倾注到了孩子身上，由于白天都在带孩子，到了晚上，对于丈夫的性暗示，早已累得一点兴趣也没有了。随着孩子渐渐长大，上了寄宿学校，赵女士感到家里只剩下安静和冷漠，越来越觉得这样的生活乏味和平淡，她就试着将重心从孩子身上转移到工作上。

不久，赵女士因为工作关系认识了和丈夫年纪差不多的杨先生。接触了几次之后，赵女士发现杨先生总能很专心地听她说话，耐心跟她交流，她对他渐渐多了一份亲切感。有时候，两人会私下单独见面。有好几次，杨先生握着赵女士的手说喜欢她，问她愿不愿意和他一起去国外度假。赵女士没有明确地拒绝。

后来，丈夫发现了两人在秘密交往。赵女士想着，该来的总会来，反正这样的日子她也过腻了，就把自己的衣物搬到了客房。丈夫站在一边，看着赵女士的一举一动，没有任何反应。赵女士大声吼着要和他离婚。他甩出一句："闭嘴，你好自为之，离婚想也别想！"然后"嘭"的一声关上了房门！赵女士正想不顾一切地用脚踹门，突然看到不知什么时候站到她背后的儿子，赵女士一下子泪流满面。她感到自己已经厌倦了这种表面光鲜、有名无实的生活，不知道自己还能熬多久。

三元素匹配不同，关系大不同

赵女士真的不知道到底该怎么做。这个话题，我们可以围绕爱情的三个元素来探讨。斯腾伯格提出的爱情三元素分别是：激情、亲密和承诺。这三个元素搭配不同，所产生的关系类型也会有很大差异。我们来看看斯腾伯格对于三种元素之间相互搭配而产生的几种类型的关系。

第一种是喜欢式。是以亲密为主导的。两个人在一起感觉很舒服，但是没有激情和承诺，就像友谊一样，比如我们说的红颜知己、蓝颜知己。显然，友谊并不是爱情，喜欢并不等于爱情。不过友谊是可以发展为爱情的。

第二种是迷恋式。以激情为主导，这是强烈地渴望和对方在一起的一种状态。对于满怀激情的一方而言，如果对方对自己的热情做出了回应，那么他就会感到满足而快乐。如果对方对自己的热情没有做出回应，他就会觉得空虚而绝望。一见钟情就属于迷恋式的范畴。《廊桥遗梦》里的那位摄影师和女主人，他们就是从激情开始的。我在想，如果他们真的一起走了，这种迷恋式的激情会持续多久？可能之后就不会有那样美丽的故事了。

第三种是空洞式。只有承诺，缺乏亲密和激情。现实中有纯粹为结婚而谈恋爱的情况，相互保证只和对方在一起，结婚后挣的钱全部拿回家，但是没有亲密也没有激情。这就是空洞式的关系。徐志摩和张幼仪的婚姻是父母包办的，张幼仪对自己是否爱徐志摩也感到很迷惑，而徐志摩在婚后都没有正眼看过张幼仪，但张幼仪依然履行自己对于家庭的责任。他们之间，就是空洞式的关系。

第四种是浪漫式。有亲密和激情，没有承诺。这种关系崇尚的是爱的过程，不在乎结果。

第五种是伴侣式。有亲密和承诺，缺乏激情。在这样的关系中，激情可能已经过去，也可能尚未到来。这种关系多见于由朋友发展成情侣的情况，或者是结婚时间很长的情况，双方就像亲人一样。

第六种是愚蠢式。只有激情和承诺，没有亲密。没有亲密的激情，顶多是生理上的冲动，而没有亲密的承诺不过是空头支票。生理的冲动再加一张空头支票，这显然是愚蠢式的。很多闪婚闪离就属于这种情况。

第七种是完美式。爱情三要素齐备，包含了激情、承诺和亲密，造就了最美好的爱情。

在前面这个故事中，大姐的婚姻是伴侣式的，像亲情一样，主要是亲密和承诺。二姐的婚姻是空洞式的，只有承诺，各自出轨。赵女士认为自己的婚姻"有名无实"。这里的"有名无实"除了没有性生活外，还包括没有心理上的亲密。她这种"没有亲密"的感觉，实际上是她个人的体验。事实和体验有时候不是一回事。我们在做夫妻咨询的时候，丈夫被妻子带来了，问丈夫："你感觉你们的婚姻怎么样？"丈夫说："我觉得挺好。"不要觉得他虚伪，他可能就是这样认为的。一方面，他的父母可能就是这么过来的；另一方面，可能以他的性格和气质，觉得这样就行了，但故事中的赵女士就觉得简直过不下去了。这就是他们的体验的问题，而不是事实。如果是体验方面的问题，在做心理咨询的时候，我们就可以去帮助来访者改变过去的体验，重新建立新的体验模式。如果赵女士的丈夫从来不跟她说一句话，跟她冷战，那就确实是有名无实。但她的婚姻不是这样的，因为他们之间还说话，所以是不一样的情况。赵女士是手拿幸福找幸福的人，这可以称为"两个人的体验不一致"，就是两个人的匹配度的问题。

相处阶段不同，三元素比重会变化

随着年龄和两个人相处阶段的不同，三个核心元素所占的比重会有一些动态的调整变化。针对这方面，我们可以做一个心理测试，绘制一幅自己的婚姻爱情三元素发展图。亲密、激情、承诺各以 30 分为满分。刚谈恋爱时，三元素的分数是怎样的；到哪年哪月，三元素的分数是怎样的；再到了哪年哪月，三元素的分数又有了怎样的变化……绘制完成后，看着这张图，再写一写：我怎样做，可以提高三元素的分数。如果是夫妻共同参加，评估以后还可以制订一个改善方案或者下一步计划。

有人会说，当初只有两个人，还没有孩子的时候，虽然物质条件不一定有那么好，但是两个人的激情水平会比较高，彼此之间的吸引或者浪漫情绪都会比较高涨。随着家庭成员的不断增加，社会责任的增加，自己做了爸爸妈妈，到了上有老下有小的时候，激情会处于一个平稳的状态。也有人会说，孩子出生以后，在性生活方面会有一些冷淡，或者仅仅把它当成一种任务。实际上，这是一个过渡期。

在夫妻关系中，是存在一些过渡期的。一开始，他们眼中只有彼此，后来多了一个孩子，母亲把重要他人从丈夫换成了孩子。可是随着孩子的成长，到了六七岁，孩子有了自己的人际交往之后，把同学和其他人也放进了自己的重要他人圈子里，此时妈妈所占的比例就小了。所以，从孩子三岁之后，妈妈就要有一个回归期，把丈夫重新放回到重要他人的第一位上来。但是，由于之前从怀孕开始到孩子三岁，这中间经历了一个冷淡期。那么，在这个阶段能不能换回来，夫妻就经历着一轮考验。也就是说，婚外情的概率总是存在的，只是高低不同。夫妻的激情如果没回去，平稳下降，婚姻就只能依靠责任和亲密来维持。

实际上，在孩子从三岁到六七岁的三四年中，妻子会做出努力改善夫妻关系，但往往丈夫被拒绝的次数还是太多。这些拒绝不是妻子说了很多拒绝的话，而是用行为和态度拒绝的。丈夫跟妻子刚一亲热，孩子哭了，妻子就没心思了，然后就不了了之，这就是一次拒绝。那么，在这个过程中，激情的水平可能就这么下降了。也有一些夫妻，在孩子长大了一些，夜里不哭了之后，两个人的激情会慢慢地开始回归，相当于又可以谈恋爱了，两个人又可以说话了。但是，很多母亲因为自我人格成长得不健全，或者把自我放在孩子身上太多，放在自己身上太少，她们就会继续排斥丈夫。妻子没有把这当回事，丈夫也不主动回归，因为他们已经习惯了自己在外边飘荡的那种状态了。

总之，在婚姻的不同阶段，爱情三元素的主题会不同。我们如果辩证地来看婚姻的发展，在最开始的时候，大多数的两性关系都是因为激情。激情是一种强烈的、短暂的、暴发式的情绪状态。很多人觉得激情已退去，就是那种情绪状态退去了。而承诺从一开始两个人确定爱的关系时就已经确立了。在两性关系中，如果我们想要激情像承诺一样长期稳定地存在于自己的婚姻中，显然就是对婚姻的认识不够，对两性关系认识不够，要求得比较多，也是一种贪心。对于婚姻中的激情水平，我们是可以通过做一些努力来提高的，但是我们不能要求两个人之间时刻都那么激情高涨。

三元素发展中的影响因素

沿着这方面，我们可以继续去思考在三个元素发展历程中的影响因素。有哪些因素使我们没有回归？有些是外部的影响因素，有些是内部的影响因素，有些是客观的影响因素。

比如，丈夫调换工作了，双方两地分居，恰好夫妻关系该回归了，但是家里的妻子等不来丈夫。又比如，双方中有一方生病了，时间久了也会造成激情下降。还有的是因为住的原因，比如房子小，跟父母住在一起，不能大声说话，有矛盾也不能发泄情绪，就很压抑，时间长了激情的水平就降低了。这里不只是性的问题，还包含了两个人的亲密依恋表达的问题。所以，各种原因影响着三元素的水平。

读者们可以自己做一个评估，但要记得，不能把问题归结到对方身上。大家要想一想，自己怎样可以去改善，排除客观的外在原因。我们要接受自然规律，同时也要影响自然规律。我们接受亲密、承诺和激情这三元素有其发展曲线，但也要发挥主观能动性，去影响这些曲线。比如，作为丈夫，有时候对妻子的好，是在一些小事情上对她的体贴细致的关心，她能感受到你在用心，她能感受到自己是被你尊重的、被你关爱的，这时候两个人的感情的甜蜜度就会上升。丈夫在大事上尊重妻子自己做主的权利，在小事上再多多为妻子用心，这样对激情、亲密和承诺这三元素水平提升都是有帮助的。在有些家庭中，很多事情都由男人说了算，男方比较大男子主义，但是这样会让妻子渐渐厌恶自己的女性身份，转而羡慕男性，从而引起性冷淡，不能够去享受作为女性的快乐。因此，尊重妻子的感受和自己做主的权利，是很重要的。如果男性对自己的性别不满，也容易产生一些问题。因此，作为妻子，也要让丈夫感受到对他男性魅力的欣赏。人不能只向"钱"看，即便妻子的收入超过丈夫，丈夫在生活中一定也是有其表现出男性魅力的地方的。因此，妻子也很有必要培养自己善于发现丈夫优点的智慧。

　　前面故事中的赵女士，她本来自己可以做一些努力，因为她也有一半责任，但她没有尝试做出改善，反而去抱怨对方。婚姻经营是一门很重要的学问，是需要学习的。我们通过观察，发现愿意学习成长的人一般都会拥有幸福的婚姻，而过得不幸福的人反倒不愿意学习成长，因为他们觉得问题都是别人的，责任不在自己身上，这种思维方式是不合理的。所以，我们一定要通过学习成长，自己掌握人生的主动权。

心理成长体验

　　绘制一幅自己的婚姻爱情三元素发展图。亲密、激情、承诺各以 30 分为满分。刚谈恋爱时，三元素的分数是怎样的；到哪年哪月，三元素的分数是怎样的；再到了哪年哪月，三元素的分数又有了怎样的变化……

　　绘制完成后，看着这张图，再写一写：我怎样做，可以提高三元素的分数。

　　你也可以邀请爱人和你一起绘制，评估以后，一起制订一份改善方案或者下一步计划。

参考文献

　　1.杨鑫辉.什么是真正的心理学[M].福州：福建教育出版

社，2012：645-646.

2.[美]罗兰·米勒，丹尼尔·珀尔曼.亲密关系[M].北京：人民邮电出版社，2011：243-246.

3.[奥]阿尔弗雷德·阿德勒.自卑与超越[M].北京：中国妇女出版社，2017：202.

第三章

婆媳关系——两个对我恩重如山的人

婚姻里有一个千古难题，那就是婆媳关系。谈婆媳关系，说到"两个对我恩重如山的人"，其实是站在儿子的角度。

潘长江曾经唱过一首歌，叫作《两个对我恩重如山的女人》。歌词是这样的："两个对我恩重如山的人，你们不要再争，我对谁的感情最深。你们越是追问，我越是心急如焚。两个对我恩重如山的人，两个带给我生命无时无刻不精彩的女人，疼你们一生，是我的责任……我一向对太太百依百顺，老妈是我的超级至尊，既然我们朝夕晨昏，就该珍惜这天赐的缘分……"这首歌的歌词，是很能打动人心的，是很多人都非常认同的。

婆婆媳妇的不易

身为母亲，含辛茹苦地把儿子养大，从怀孕那天起，甚至从嫁进婆家那天起，就再也没有了轻松的日子。就算是夫妻和睦、公婆疼爱、衣食无忧，过得再幸福的母亲，也免不了为孩子承担各式各样的辛劳和操心。另外，经过数十年辛劳，母亲身上大都会落下一些疾病。还有的母亲不仅要承受生活的重担，还要承受公婆欺压，或是承受丈夫带来的一些折磨，为了能陪在儿子身边，把儿子好好养大，忍辱负重，身心都会受到伤害。说母亲对儿子恩重如山，一点都不为过。

身为妻子，把自己带进一个新的家庭，生儿育女，相夫教子，要工作养家，要面对各种各样的家务事和新的人际关系，要面对婚姻中难以避免的危机和挑战。比起单身女孩的日子，婚后的女性辛苦了不知多少倍。对女性来说，结婚就是一场冒险行动，没有足够的爱、勇气和毅力，女性很难挺过婚姻中的重重压力。说妻子对丈夫恩重如山，也一点都不为过。

婆婆不易，值得儿媳好好尊敬。儿媳不易，值得婆婆好好疼爱。

新型婆媳关系

从古至今，婆媳之间如何相处，一直都是人们常常谈论的话题。在唐代《女孝经》中对女子有这样的要求："女子之事舅姑也，敬与父同，爱与母同。……鸡初鸣，咸盥漱衣服以朝焉。冬温夏清，昏定晨省，……"这源于儒家"三纲五常"思想的影响。

新中国成立之后，通过数次扫除封建婆媳关系的行动，结束了封建旧时代的婆媳关系。经过数十年，新型的婆媳关系逐渐建立起来。

如今，有的婆媳相处得像母女，相互疼爱照顾；有的婆媳像朋友，知心的话说不完；有的婆媳不在一起生活，也互相不干涉；有的婆媳虽然在一起生活，但互相井水不犯河水，也能过下去；有的婆媳则纷争不断，搞得家里鸡犬不宁；有的婆婆会受儿媳的气，被儿媳使唤来使唤去，婆婆敢怒不敢言；也有的婆婆会逼迫儿媳……

相对于古代的"恶婆婆"，现代的婆媳关系相对缓和，婆婆们丧失了自己的权威，同时以一种类似于交换的方式来获得以后养老的保障。但不论是在古代还是在现代社会中，有一点是没有变的：婆媳之间的关系并不是平等的，总是以一方处于优势地位、另一方隐忍，或者以双方矛盾冲突的局面存在。

从家庭结构来看，婆媳关系是一种结构性的矛盾关系，这也是婆媳矛盾的本质，这种关系存在合作与竞争。

合作，即婆媳共同维护家庭的发展。婆婆是这个家庭里上一代的女主人，她应该是这个家庭里的定海神针。俗语说，"一个好女人，幸福三代人"，这里的"好女人"的标准指的是孝敬老人、敬爱丈夫和爱护孩子。历史上很多伟大的母亲都是这方面的楷模。两代母亲共同维护家庭，让家庭里能够"厚德载物"。婆婆把她的经验智慧传达给媳妇，媳妇负责进行更替，把不好的、不合时宜的淘汰掉，将优良的传统保留下来。这是一个交替接班的工作，所以婆媳之间存在合作关系。如果合作关系好，这个家庭就是幸福的，就会因为婆媳的合作而更加健康地向上、向前发展。

但是，除合作关系之外，婆媳之间也存在竞争关系。此竞争是指心理层面的竞争，是儿子（丈夫）情感归属的争夺。从婆婆的角度讲，儿子是她从小养育大的，在她的"自我"里面，儿子占据相当重要的部分。当儿子没有恋爱结婚时，他的情感归属于母亲。当媳妇到来后，儿子不仅拥有母亲的慈爱，还拥有了妻子的情爱。这时候，母亲如果没有把"自我"调节好，就会感到像失去恋人般失魂落魄。从妻子角度讲，夫妻之爱本就是身体和灵魂的相互拥有，妻子希望得到丈夫全部的关注。当婆婆的感情和妻子的感情碰撞到一起时，婆婆为了亲情，媳妇为了爱情，一场情感争夺大战便会在明里暗中展开。一些学者依据弗洛伊德"同性相斥"理论，认为婆媳由于是非血缘的同性关系，天然地有一种排斥情绪。这种排斥不仅是对待同性的问题，也是对待"情敌"的问题。"寡母心态""子代夫爱"正是从心理上分析的。

所以，母亲要和孩子之间进行科学的分离。孩子长大了，他要独立，要掌控自己的人生，可是如果他的母亲并没有准备好，他们之间就会产生冲突。母亲如果还把 "自我"中的大部分当作是儿子，而没有回归到真正的自我，儿子就会受不了，儿子就会出现各种心理问题。如果儿子受得了，他也不是一个健全的人，因为他没有完全发展起来自己的"自我"，他只是他母亲的一部分。

另外，婆媳两代之间代沟的存在、观念上的差异，也会造成婆媳矛盾。比如当农村婆婆遇到城市媳妇或是相反出身的媳妇时，由于生活背景不同，两个女人会相互不适应。当两个人都想按照原有的生活方式来改变对方而对方却不接受时，就会经常因 些鸡毛蒜皮的事而闹得不可开交，这就会造成婆媳之间的矛盾越积越多。此外，感情基础薄弱、没有血缘关系等也是婆媳冲突的原因所在。

人类在发展，社会在进步，每一个家庭也需要进步。如果婆媳关系不能进步的话，就会是一把双刃剑，无论对婆婆，还是对媳妇，都是一种伤害。婆媳矛盾会为家庭关系发展带来困境和僵局，也会对家庭其他成员产生或多或少的消极影响。相反地，婆媳关系和谐，会更利于营造出一个具有积极心理动力的家庭。因此，婆媳之间相互尊重和关爱，是更智慧的相处方式。一个爱得流动顺畅的家庭，不仅会让家庭成员更快乐、更健康，还会直接帮助到下一代的自我人格的建立，让孩子们发展出自信、自尊、自爱的心理资本，形成积极、乐观的心理能力。婆媳之间相互关爱、友好合作的示范，对于培养晚辈们的合作能力、爱与被爱的能力，都会产生积极的影响。

因此，家庭的心理生活水平一定要进步，婆媳关系一定要提升。在下文中，我们就来仔细探讨该如何提升婆媳关系，如何进行家庭幸福建设。

一位女士的自述

接下来，我们来看一位李女士的自述。李女士作为儿媳，和婆婆相处得不是很好；作为婆婆，和儿媳的关系也没有处好。到底是怎么一回事呢？让我们来读一读她的故事。

我出生在一个农村家庭，姊妹五个，我排行老三。在我 20 岁的时候，别人给我介绍了一个对象。对方家庭也是农村的，排行老大，下面还有两个妹妹。他为人老实善良。父母和我都觉得可以，就结婚了。

在我嫁过去的时候，他的两个妹妹还小。嫁到他家就是他家的人了，既要伺候公婆，还要照顾两个小姑子。那时，我和他是家里的主要劳力。干农活，做家务一天下来，我累得腰酸背痛。家里的经济大权归公婆管，如果哪里有不如意的，他们就会发脾气打人。

因为他是两代单传，一家人都想要个男孩，我第一胎生的是女孩，公公婆婆很不高兴，连个鸡蛋都不给我吃。第二胎又是女孩，公公婆婆更讨厌我了。后来婆婆去世，我第三胎终于生了个男孩，但公公并没有因此改变对我的态度，只要一不顺心就对我破口大骂。有一次孩子生病，想吃鸡蛋面条。鸡蛋都被公公收着，我就从鸡窝里拿了一个鸡蛋给孩子吃了。等公公去鸡窝里拾鸡蛋的时候，发现少了一个，他就对我破口大骂，拿起砖头就冲我的头上砸下来，血就从头上流下来了。丈夫是孝子，虽然知道我很委屈，但也不能说什么，只能在没有人的时候安慰我。

后来，孩子们也都长大了，两个女儿相继出嫁，儿子也在镇上做了一名中学老师。其间有一个女孩来家里找过他，说是他的同学，我一看她的穿着打扮，就知道她家生活条件优越，她从小就是娇生惯养的。能跑这么远来看儿子，我想两个人可能是在谈恋爱。她和儿子差距很大，我本以为他们只是随便谈谈，现在分开在两地，感情肯定也就慢慢淡了。没想到两年后那个女孩毕业了，为了和儿子在一起，就在这里找工作了，看来两人是认真的。不管我和他爸怎么劝说儿子，儿子就是执意要和她在一起，甚至有半年的时间住在学校宿舍里没有回家。我看到他们一直这样坚持，没办法就默许了他们的关系，真是儿大不由娘了。我们在村里盖了新房，打算让儿子在家结婚的。但他们又想买楼房，我们老两口只有把家里的积蓄全部拿出来，还借了一部分，帮他们买了房子。

儿子结婚后搬到新房去住了，有时回来看看我们，有时我们也会去儿子家给他送点吃的。每次一见面，媳妇就开始数落儿子的不是，儿子因为父母在场也不好发作，弄得我们每次都不欢而散。有一次，在我们走后，从来不发脾气的儿子大发雷霆，吓得媳妇给我们打电话，又哭又叫的。可这又是谁造成的？他们都是大人，也应该学会为自己的生活负责任。

我觉得媳妇太不懂事了。想当初，我嫁到家里，吃了那么多的苦，受了那么多的罪，都没有抱怨什么。现在生活这么好，也没有太多的家庭负担，两个人不好好珍惜，动不动就吵架，真是身在福中不知福。

做父母最幸福的一件事就是抱孙子。因为老李家到我儿子是三代单传了，我希望媳妇也能生一个男孩，所以四处打听可以生男孩的偏方。可媳妇对此不屑一顾，还说我迷信，是老封建，现在什么都讲科学。现在的婆婆真是不好当！婆婆说的话，媳妇一点也不听，还向婆婆大发脾气。

后来，媳妇怀孕了，我们一家人沉浸在喜悦之中。我也在期盼中做着准备工作。孩子出生了，是个女孩，我喜悦的同时又多少有点失望，希望媳妇以后想办法再生一个。可能以前我想孙子的意图太迫切，生了女孩以后，虽然我一心一意地给媳妇伺候月子，她对我还是有很大的敌意，动不动就给我脸色看。像我这把年纪了，还要受媳妇的气。在我们那个年代，媳妇哪敢这样做。

有一次，媳妇要给孩子洗澡，我怕孩子感冒，说还是不要洗了，孩子又不脏，即使脏一点，又有什么关系，大一点再洗。媳妇竟然当着儿子的面一把抱过孩子，冲着我说："真是农村人，啥也不懂！"我蒙了，她竟然对我这么无礼！我辛辛苦苦地在这里干吗，经历了这么多，把孩子拉扯大，结婚生子，最后竟然落到这步田地！我的泪顺着脸颊流下，气得双手发抖，儿子看到我的样子愤怒了，冲着媳妇走过去，就把她推倒在床上，说不想过了，敢对我妈这样，我们离婚。媳妇放着孩子委屈地大哭，用手指着我："你就在你儿子面前装，等你终于拆散我们就高兴了！"孙女被这突如其来的争吵声吓得大哭。看到事情发展到这样，我觉得自己是个多余的人，就收拾好自己的东西要走。儿子流着泪说："妈，你不要走，要走也是她走。"我看了看儿子，委屈和心疼涌上心头，对他说："孩子需要妈妈，好好照顾她。"我回去以后，在丈夫面前哭诉着，心中委屈极了。丈夫气愤地说："真是太不像话了，不知好歹！咱们不去了，好心当了驴肝肺！让他们自己过去！"

第二天早上，媳妇打来电话，说昨天我走后，儿子也走了，到半夜才喝得醉醺醺地回来，对她不理不睬。她一着急上火，奶水也没了，怎么办？大人再怄气也不能委屈了孩子，再说媳妇还在坐月子。我放心不下孙女，就又回去了。回去之后，媳妇对我的态度好了很多。虽然我心里还是有些不舒服，但毕竟是一家人，以后的日子还长。儿子因为这件事，很长一段时间都跟媳妇不冷不热的。

婆媳误会，源于体验不一致

看到李女士因为一个鸡蛋被公公拿砖头对待的时候，一股心酸就涌上了我的心头。记得在一次工作坊中，有一位成员说，在他一直以来的记忆里，都是妈妈告诉他爷爷奶奶是什么样的人，他一直认为爷爷奶奶不是好人，不是温和的人，不是善良的人。直到在那一次工作坊中，我让他去回顾，他回想到了之前和爷爷奶奶一起生活过的一段时光，爷爷是那样得好，奶奶是那样得好。他突然意识到原来之前对于爷爷奶奶的认知都是不真实的，那些都是妈妈的体验，不是他自己的体验。

由此，我就回想到了自己。我小时候就听妈妈说我奶奶的一些事。有这样一件事，妈妈以前经常会说起，事情是这样的：有一年八月十五，她拿着家里炸的油饼和月饼去送给奶奶，奶奶就把这些东西挂在院子里的树上。妈妈觉得奶奶这样的做法就是不待见她。她记这件事情记了几十年。后来我学了心理学，我就去还原故事现场：奶奶院子里边的树，一般都是香椿树，香椿树有树杈，人们都喜欢把袋子等物品随手挂在树上，然后就去忙自己的活。当时妈妈拿着油饼和月饼去的时候，我奶奶正在干活，她就随手把这些东西挂在了树上，没有拿到屋里，也没有请这个媳妇到屋里坐坐，于是妈妈就有情绪了。奶奶的性格比较独立自主，有个性，她不是一个喜欢对别人嘘寒问暖的人，而我母亲恰恰是一个敏感的人，事事都会去看别人如何对待她，所以婆媳斗争就这样引发了。

其实，婆媳关系往往是另一种亲密关系。她们没有血缘，但是因为同一个人，她们不得不成了亲人。但她们仍然会站在自我的角度去考虑问题，对同一件事会有不同的体验。很多时候，就是因为两个人的体验不一致，而导致了婆媳之间的矛盾。

家庭中的积极心理品质

通过李女士的自述，我们可以看到，她和儿媳其实并没有什么不可解决的矛盾。婆婆做得很好，媳妇也没有什么大错，只是每个人都渴望被理解、被宽容、被善待。如果这份渴望没有被满足的话，心里难免会有一点不满。其实两个人都缺少了忍耐，或者说忍耐的度还不够。

忍耐，是家庭中必不可少的一项积极心理品质。两个人生活在一起，肯定会有触犯到自己心理利益的时候。只有忍耐、宽容、接纳，生活才能变得更好。李女士作为婆婆，她有被公公拿砖头砸的经历，也有被婆婆骂过的经历，所以在对待儿媳上，她会有反思，会有忍耐。她的儿媳有时候也能真实感受到婆婆是真心待他们，比如被丈夫欺负后，她会向婆婆诉说委屈，后来还能跟婆婆和解。在我看来，儿媳并不娇惯。所谓的娇惯只是婆婆的印象。现在的年轻人哪个不受父母疼爱？毕竟时代已经不一样了。

所以，这是一个年代秀，让我看到了中国女人的不容易，觉得挺心酸的。中国女人的不容易，就在于她们比男人、比社会上任何其他的人都忍耐了更多。幸福都是用她们的忍耐和宽容、妥协和退让换回来的。如果不退让，就像我们通常说的"两个眼睛睁一般大"，这日子就不要过了。所谓携手到老的好婚姻，很多时候都是双方忍耐的结果。

我在韦志中心理学网校的《幸福36计：成语典故中的心理学》课程中曾谈到"雪中送炭"这个词，主要谈的就是婆媳之间的相处之道。婆媳要怎样相处呢？就是要有"雪中送炭"的智慧！其实所有的媳妇，当她们提到婆婆的不好，往往都是在她们分娩前后，婆婆的行为给她们带来了不好的体验。因为这些体验发生在她们孕产期这样一段心理的脆弱期，所以一般都会被媳妇们终生记住。当然不好的体验容易记住，好的体验也是容易记住的。所以，婆婆们，以及未来要做婆婆的女性们，在这个关键期忍耐一下，对媳妇好一些，付出多一些，媳妇会一辈子感激你的，以后会心甘情愿地孝敬你！

家庭成员想和睦，无论你是哪个角色，媳妇也好，婆婆也好，公公也好，丈夫也好，儿子也好，"忍"是根本的。"忍"就是一种能力。没这项能力就很难获得长久的幸福。改善婆媳关系的方法，其实最关键的就是忍耐、宽容和尊重。在家庭经营中，所有想要变得更好，却从来不去接受现状、不去忍耐和宽容的，都是不可能有幸福的。现在的年轻人就有一个认知方面的误区，认为生活没有最好只有更好，岂不知生活是酸辣苦甜咸都有的，所有的好婚姻背后都有一位忍耐力极强的人。

提升心理品质，问题悄然化解

在这份自述中，婆婆的目标是让儿子过上好日子，希望儿子幸福。如果婆婆放手不管，小两口能过好，那婆婆就不要插手。如果此时婆婆还要插手，那就说明婆婆并不是为了儿子幸福，而是为了自己，这就需要分辨清楚。自述中，婆婆想给媳妇建议，但是有时候方法不得当，媳妇就听不进去。如果因为媳妇没有采纳自己的建议，就对她有意见，这是不对的。别人有权利不接受建议，不是吗？婆婆要明确自己的目标是让儿子幸福。

婆媳关系不好，是和儿子的愚孝有一定关系的。愚孝不是说不孝顺，而是不懂得该怎样孝顺。要想婆媳有好的关系，男人一定要在这其中起到调节作用。如果是愚孝的话，就往往会站在妈妈的立场上考虑问题，而没有照顾到媳妇的情绪。就像这份自述里的儿子，他是眼睁睁看着母亲的头被砖头砸了的，他长大之后，不可能不疼母亲。母亲就是再糟糕，他都要疼。但是，他疼母亲的方式不能建立在牺牲媳妇意愿的基础上，不能因为媳妇没有做到婆婆的要求就对媳妇打骂训斥。儿子欠母亲的，需要自己还，不能因为媳妇跟自己成了一家人，就要她替你还所有的债。所以儿子的孝顺也要有个度。孝顺也是一种心理能力。作为儿子，你爱妈妈，这是自然的，但是你孝顺妈妈孝顺到把自己弄得很难受，或者把家庭搞砸了，这种孝则是不可取的，这也说明这项心理能力你是不达标的。

媳妇要看到，婆婆是你的未来。她在前面给你做了榜样，你应该吸取她的经验，从这个角度来讲，媳妇要感谢婆婆。曾经有这样的故事，儿子、媳妇对父母不好，后来，孙子也学着对自己的父母不好。从这个角度来说，你未来的幸福，实际上就是现在你婆婆的幸福。所以，媳妇也要注意自己的言行。对于媳妇来说，以自己替丈夫尽孝的心态去对婆婆好，是最为智慧的。我们在和亲妈相处时，可以对亲妈提要求，亲妈不会生气。对婆婆来说也是一样，她的儿子对她提要求，她不会生气。因此，要求要留给丈夫去提。作为媳妇，在心态上能够这样转变，就不会有以德报德的要求，也不会有吃亏的感觉，不会有受害者的感觉，不会有吃力不讨好的感觉。这样婆媳之间相处就容易了。

未来，我们幸福家庭的建设，就要注重提升家庭成员的心理品质。心理工作者在做婆媳心理辅导或家庭心理建设的工作时，就要帮她们了解需要具备怎样的心理品质，才能使她们的问题得以化解，而不是要去打官司，评论谁对谁错，这没有任何意义。有了尊重、宽容、忍耐、进取、创新等积极心理品质，许多问题也就可以直接化解了。

心理成长体验

请在一张 A4 纸上画一条河流，在河流的波纹之间，写上自己目前具备的家庭积极心理品质。再换一种颜色的笔，写下自己还需要继续培养的家庭积极心理品质。然后，请在纸的背面，写出你想培养的家庭积极心理品质，可以帮助你解决哪些家庭问题。

以下家庭积极心理品质关键词，可供参考。

尊重 宽容 忍耐 进取 创新

参考文献

1. 徐少锦，陈延斌. 中国家训史 [M]. 人民出版社，2011.

2. 康泳. 中国现代文学婆媳关系的叙事模式及其文化意味 [J]. 云南民族大学学报（哲学社会科学版），2005，22(4)：132-134.

3. 易伍林. 复制与嬗变：当代婆媳关系的社会学分析 [J]. 淮北师范大学学报（哲学社会科学版），2010，31(5)：94-96.

4. 葛宇宁. 从伦理的视角谈现代婆媳关系问题 [J]. 河南理工大学学报（社会科学版），2016,17(1)：121-126.

5. [爱尔兰]Alan Carr. 积极心理学 [M]. 北京：中国轻工业出版社，2015：65-76.

第四章

一张床，六个人

　　说起床，它特别有故事。因为，我们人生中的幸福，就是跟床有关系的。

　　很小的时候，妈妈会在床上把我们搂在怀里。我们也喜欢在妈妈怀里睡觉，在妈妈怀里张望着周围的一切，在妈妈怀抱里玩。妈妈的怀抱就是我们的床。当我们长大了一些，依然想要去和妈妈拥抱。妈妈充满爱的怀抱，是孩子获得幸福和力量的源泉。当我们结婚以后，床头吵架床尾和、枕边风、生下爱的结晶……都是在床上完成的。所以，床是爱的地方，这里面既有母亲给孩子的爱，也有夫妻之间的爱。因此，"床"在我们心理发展的过程中，渐渐形成了"亲密爱恋之所在"的心理文化符号。

　　从这一章起，我们会用连续三章的篇幅，来谈"床"系列的三个主题：一是"一张床，六个人"，二是"六个人，一张床"，三是"一个人，六张床"。

　　"一张床，六个人"，是讲在这一张床上，表面上看，是夫妻两个人，但是，每个人的背后，都有一个原生家庭，丈夫和他的父母，妻子和她的父母。我们在原生家庭的影响下，逐渐形成自己新的家庭文化。所以，一个家其实是"一张床，六个人"。

家庭文化

　　文化，是人们生活所依靠的一切，包括生产生活方式、政治法律制度、宗教信仰、道德准则、文字、语言、文学、思想、学术、艺术、科技、饮食，服装……包罗万象。

　　文化具有清晰的地域和民族差异，中国的文化就具有自身独有的特征。我国幅员辽阔，不同的地区也会存在一些显著的文化差异，而每一个家庭，也拥有自己独特的文化。就像人类的文化不断传至下一代一样，家庭文化也在不断地注入下一代的文化基因里。我们会传承很多普适性的文化，会选择很多利于生活的文化，也会创造出新的文化。

　　对于一个家庭来说，价值观、信念、心理品质、语言符号、思维方式等，都会对家庭成员产生文化影响力。家庭从建立到发展的过程中，生活方式、处事方式、经历过的事、去过的地方、认识的人……都会在家庭成员心中形成一个又一个文化符号，渐渐沉淀在心灵里，对人生发挥着影响作用。

　　家庭文化体现着一个家庭的生活方式、生活作风、家庭道德规范和为人处世之道，因此也就明显地表现着一个家庭的价值追求和理想信念，具有明显的导向功能。

　　如果把家庭文化比喻为一棵大树，那么，有的文化内容是树根，例如价值观、信念、心理品质、道德等；有的是树干，例如对生活的态度、处世风格、家规等；有的是树枝，例如生活方式、思维方式、语言习惯、行为方式、教养孩子的方式、表达爱的方式、创造财富的方式等；有的是树叶，例如读的书、听的音乐、学习的本领等；有的是果实，例如家庭成员取得的成绩、成就、荣誉等。

家庭文化对维护家庭团结、社会稳定以及促进个体发展和社会文化的繁荣具有重要意义，尤其是对下一代的成长起到规范、引导、调节等巨大作用。家庭文化建设有助于家庭成员树立正确的世界观、人生观、价值观、道德观等，指导着家庭成员的生活观念、价值取向、行为准则、家庭美德、兴趣爱好以及待人处世、邻里交际等，使人们形成更加文明、健康、科学的家庭生活方式。一方面，良好的家庭文化氛围和环境可以使每一位家庭成员都能拥有良好的心态及行为素质，从而利于个体发展；另一方面，家庭所有成员的文化水平、精神追求、价值观念都决定着家庭建设的方向、水平及和谐程度。

那么，两个人走到一起，实际上是一场跨文化的结合，必然要面临双方家庭文化的冲突与融合，要进行新的家庭文化建设。

一对夫妻的冲突

我们来看一个故事。

张女士出生在一个干部家庭，在家是长女，有两个弟弟。由于父母经常出差，她从小就扮演了长姐如母的角色，在邻居眼中她是很能干的，也常常被大人夸奖。不过由于父母管教很严，不准她和男孩子有过多的接触。一直到了 27 岁，张女士才经人介绍认识了现在的丈夫。他是当地航空学校的军官，个子不高但英俊。两人谈了半年恋爱，就结婚了，婚后的生活也很幸福快乐。

但是，婆婆的到来打破了两人的平静生活。张女士对婆婆的印象很不好。当初和丈夫结婚后第一次回婆家，那天天气很冷，他们坐了几个小时的汽车，浑身都冻僵了。两人还买了很多东西准备分给亲戚作为见面礼。到家后，婆婆一句问候的话都没有，眼睛却盯着他们带的东西一件一件地数，张女士心里很不是滋味。第二天走亲戚时，婆婆一件礼物也不许他们拿，张女士只好和丈夫空着手，很没面子地走完亲戚。张女士当时发誓再也不进婆婆家门了。婆婆这次不请自来，说："儿子成家了，我也老了，要靠你们养着，以后几个孩子家轮流住。"张女士想着反正也不是常住，就想尽量处理好与婆婆的关系，变着法儿给她做好吃的，带她出去玩，给她买衣服。可是婆婆并不领情。有一天，张女士外出回来，听到婆婆对儿子说："你怎么能把工资都交给媳妇管？女人就是伺候男人的，以后不要刷碗。"见张女士进来，婆婆不但没有难为情，反而说："我儿子最近瘦了，你得给他做点好吃的。"丈夫只低着头一声不吭。张女士流着泪跑进卧室，感觉怎么这么倒霉，找了这么个窝囊丈夫，遇上这么个蛮不讲理的婆婆，今后的日子怎么过？

为此，张女士很长时间不怎么搭理丈夫，回娘家的次数也多了起来。渐渐地，张女士不再讨好丈夫，尽量避免和他在一起的机会。婆婆也感觉不自在，就走了。婆婆走后，张女士和丈夫大吵了一架，丈夫还摔了东西，住到飞行大队一个星期都没回来。这让张女士认识到，在丈夫心中，妈妈比她更重要。张女士感到无比委屈，萌生了离婚的念头。当她把这个想法告诉父母时，却遭到了他们强烈的反对。母亲说："我一直以为你是我的骄傲，现在你竟然要离婚？你要想办法把日子过好，别那么任性，谁在婚姻里还不受点气？"张女士知道他们是爱面子，怕自己离婚给他们带来不良影响，于是打消了这个念头。

不久，张女士怀孕了。儿子出生，张女士没有让婆婆来带。她每天上下班带孩子虽然很累，但没有怨言。随着儿子一天天长大，张女士发现丈夫的大男子主义作风越来越严重，儿子做错了事，丈夫非骂即打，也不许她管。儿子上小学时，一次数学考试因粗心没及格，丈夫一巴掌打过去，儿子的头重重地碰到了桌子上，当时就晕了过去。丈夫也害怕，赶紧打出租车带儿子去医院。但从此以后，儿子见他就像老鼠见了猫，性格更加内向。后来，丈夫强制要求儿子学理科，本来儿子数理化基础就差，高中三年，尽管刻苦努力，高考也只上了三类专科院校。高考出成绩那天，丈夫大骂儿子是笨蛋不争气。那天，儿子第一次说："妈妈，我觉得活得真没意思。"张女士怕儿子出意外，求丈夫别再责骂儿子，他却说："你生的窝囊废！都是你惯的！我做梦也没有想到，人到中年，我会是这个样子！"

后来，儿子大学毕业，正在为工作发愁时，丈夫单位的领导帮助他给儿子安排了一份工作。从表面看来，一切都是那么完美，但是他们家庭内部的火药味却越发浓烈。丈夫经常给儿子的领导打电话，说儿子的一些缺点和不足，要求严格管理。这让儿子在领导和同事面前很没面子，父子俩的矛盾也越来越深。

有一天，儿子因为工作失误，被领导狠狠批了一顿，他心情郁闷，就回家喝了很多酒，喝醉后又哭又闹。这时，丈夫回来了，看到儿子这样，就去骂他。没想到儿子竟用酒瓶把父亲的脑门砸了。丈夫害怕了，便报了警。等张女士接到邻居电话赶回家时，儿子被带往派出所，丈夫被送到医院。虽然事情很快平息了，但是儿子的前途和家庭的声誉都被毁了。单位以耽误工作为由，让儿子长期休假。

张女士看着儿子受煎熬，她把愤怒全部指向了丈夫："从我们的婚姻到儿子的前途，都被你的父权主义思想毁了，你为什么要这样？"她哭得昏天黑地，眼光无意间落在丈夫的脸上时，竟然发现他在流泪。结婚26年了，丈夫从来没有在她面前掉眼泪。他说："你骂得对，我错了，是我对不起你和儿子。"他哽咽着给张女士讲了一个埋藏在他心中的秘密。

"12岁那年，父亲去世了，母亲一个人带着四个孩子，生活异常艰难。16岁那年，母亲要改嫁，意中人是邻村的一位大叔。我带着弟弟跪在母亲面前，死活不同意母亲改嫁，母亲不答应就不起来，母亲流着泪答应了我们。从那天起，我就发誓要好好努力，长大了干大事，挣大钱，让母亲享福。18岁那年，我当兵了，由于表现突出被推荐上了军校，提了干部，我感到我没有让母亲失望。母亲为我们失去的，我正在慢慢地还给她。可是我错了！有一次探家，我看到母亲身体很虚弱，精神也有些恍惚。姐姐偷偷告诉我，邻村大叔去世了！原来，邻村大叔从小和母亲一起长大，感情很好，但因他家过于贫穷，母亲还是被迫嫁给了父亲。父亲去世后，母亲也曾答应嫁给他，但是由于我的阻挠而又一次拒绝了他。邻村大叔终身未娶，母亲为此内疚悔恨。我听了非常后悔，但又无法弥补。我再次发誓，将来我结婚生子，媳妇一定要对婆婆孝顺，孩子一定要给奶奶争气！所以，结婚后，不管什么原因，只要你和母亲闹矛盾，我都会指责你，对儿子也严格要求，就是想让他出人头地。看着他唯唯诺诺，没一点男子汉气概，我就想发脾气。没想到事与愿违，弄成今天这个样子，我知道你跟着我受了很多委屈，也知道不应该打骂儿子，但就是控制不住自己，是我毁了儿子。我对不起你们。"

看着丈夫悔恨的样子，张女士的心中像打翻了五味瓶，分不清是什么滋味。突然间，她觉得丈夫也很无辜，婆婆也很可怜。

婚姻是无限责任公司

这个故事有些沉重，也有很多无奈，让人唏嘘。这个故事呈现出了家庭文化的影响作用，表面上看是两个人的婚姻，但是谁不带着过去？这些过去是从哪里来，是两个人曾经的经历，当然也包括两个人的原生家庭给他们身上带来的烙印，甚至是一些债务。家庭其实就是一个无限责任公司。当初两个自然人约定合作开一家"公司"，"公司"成立之后他们都成了"股东"，股份各占50%，共同拥有对"公司"的责任和义务。"产品"就是孩子。即使有一天婚姻解体了，两个人也从此拥有了无限责任。因此，"公司"要考虑长远发展的需要。

故事中的丈夫带着对母亲的愧疚，这是他携带的一份债务。

但是，他的婚姻显然不可能还这个债。如今，儿子处境可怜，"公司"又产生了新的债务，整个家庭处在深深的阴霾中。其实夫妻双方都应该对这个家庭的现状负责。

家庭教育要避免双重束缚

假如一开始张女士就向她丈夫的原生家庭和所谓的父权主义妥协，知道他就是这样的男人，知道他出身军人家庭，教育严苛就认了他这样的大男子主义的话，他们就不会起冲突了。那么，他们的家庭也许没有那么幸福美满，但是至少不会像今天这么糟糕。现在儿子二十多岁了，夫妻之间的战火也燃烧了二十多年。丈夫用火力，妻子用软对抗，这种对立对孩子产生了深远的负面影响。孩子身上既有被爸爸打压的愤怒，虽然表面看起来懦弱，但内心极度暴躁。妈妈一直和爸爸对抗，孩子耳濡目染又学到了妈妈的从来不服从、不合作的决心。所以，爸爸要向孩子道歉，其实妈妈也有责任。

在我看来，家庭分三个层次，最高级别就是两个人一致，都有健康的方法，一起教育孩子、经营家庭。第二个级别是有一个人退而求其次，主动放弃用自己的价值观和文化去教育孩子、经营家庭。夫妻双方其实并没有谁对谁错，只要能让孩子感受到爱。所以，有一方愿意妥协，这个家就不会是这样。第三个级别是最低的，也是最糟糕的，就是他们现在的结果，长期战火不断，孩子不得安生。

在家庭治疗中，在亲子教育中，都有双重束缚。对孩子最大的危害，不是因为两个人没有找到更好的教育方法，而是因为两个人对抗到底。只要有一方妥协，战乱就不会有了。

原生家庭父母退出对子女家庭的干预

在这过程中，原生家庭父母要特别注意一点，就是一定不要去干涉子女家庭的经营，而是让他们自己管理自己的家庭。如果过去一直在干预，那么就要立刻切断，立刻把自主管理的权利交给新家庭成员，让他们自己行使作为成年人为家庭负责任的权利。因为只有这样，他们才能一步一步实现跨文化的相处，逐渐形成新的家庭文化，过上安稳的日子。否则就会冲突不断，不得安宁。

当一对年轻男女走进婚姻，他们对于如何经营婚姻家庭，最需要的，就是独立的思考和行动。就像每个人在上学时需要独立思考、独立完成作业一样，婚姻生活更需要独立的思考和行动，这会让一个人形成真正独立的人格。拥有独立人格的人，会更有安全感，更能够接纳彼此不同的地方，也就更容易实现在婚姻中随遇而安，主动适应对方家庭不同的文化，夫妻的感情会更加亲密和谐，婚姻才会实现真正的幸福。

家庭文化冲突与文化融合

我们继续去透过现在的局面往之前看，如果丈夫在当初谈恋爱的时候，就告诉他的妻子关于他母亲的故事，让对方了解自己的家庭文化和背景，是不是就可以让他的妻子更加理解他？

这是一场因文化冲突而产生的战争。妻子信奉的是包容和爱，丈夫信奉的是一切靠自己奋斗。丈夫12岁就没有爸爸，一切的成就都是他自己争取的，他是自立自强的一个人。这位丈夫有他自己做人的方式，一种让自己获得成功和目标的方式，所以，他就永远不可能妥协。他和妻子的两种价值观的冲突就是文化冲突。

处理文化冲突，最好的办法就是文化融合。相互了解，了解就会理解。例如，美国警察看到一位黑人，说："站住！举起手来！"黑人以为他们要身份证，结果他一掏身份证，美国警察一枪把他打死了。为什么呢？美国警察以为他是在掏枪。这就是文化差异。我们所看到的文化差异，只是国家与国家不同，种族与种族不同，群体与群体不同，我们很少把这种文化差异放到家庭里来看。其实，在家庭中也存在文化差异。故事中的丈夫捍卫的是要让母亲过上好日子；妻子捍卫的是待人要温和，不要霸权，要相互尊重。

电视剧《亮剑》里面的李云龙，他的妻子田雨很爱他。田雨来自一个贵族家庭，父亲是位学问家，一开始就不同意他们结婚，后来才同意了。但是，李云龙和田雨生活得并不好，就是因为有文化冲突。两个有文化冲突的人要想在一起生活，就要去了解对方的文化。因为李云龙从来没想过要去了解妻子的文化，他从骨子里就没有认同过妻子的文化。他说："又是钢琴，又是油画，这哪一样是咱劳动人民喜欢的？""共产党的天下就是靠咱这些没文化的泥腿子打下来的!"所以,田雨在李云龙眼里就是个酸鬼,李云龙在田雨眼里就是个没文化的泥腿子。两人就没有互相认同过,这就很容易产生矛盾。如果双方互相不认同,就要想办法去认同,去了解,了解了就可以理解,理解了就会接纳,接纳了就会驾驭,最后才能融合。

很可悲的是,很多家庭中,孩子都长到十几岁、二十几岁了,甚至第三代都有了,两个人依然不认同对方。看起来好像是个性问题,其实不是。每个人的个性肯定是有不同的,关键就是,两个人从骨子里有没有认同过对方的文化? 很多家庭成员都说过这样的话:"你妈那样的,你看她把孩子带成什么样了?"这就是文化不认同。因为他们缺少尊重的能力,因为他们只站在自我的文化里面,没有跨文化的思考能力。

从全球视野来看,人类的文化是多样性的,就像花园里百花盛开,如果只留一种花,把其他花全部铲掉,那世上就会少了很多色彩与美好。凡是要消除文化多样性的,都是与人类为敌。从家庭生活视角来看,你这样生活是对的,我那样生活也是对的。那么,在婚姻家庭中,凡是要消除对方的文化,而让对方依附于自己的想法和行为,都是错误的。故事里的张女士还没有认识到这一点,她的丈夫已经深刻地认识到了。

婚姻家庭的形成,是两种文化走出来的两个个体,他们身上分别带着自己的爸爸和妈妈。两个人走到一起,睡在一张床上,实际上这张床上有六个人,这就是两种文化的较量。他们的较量体现的最佳战场一般是在孩子的教育和生活方式上。爸爸要这样教，妈妈要那样教，两人互不相让，所以孩子往往就教出问题来了。问题孩子的背后就是问题家庭，问题家庭的背后就是文化的冲突。

如果一个人不愿意主动去了解、接纳对方的家庭文化，就不要再口口声声说"我爱你"。如果爱人家，就要尊重人家，你做到了吗？一点点不如自己的意，就叫唤半天，有什么资格说爱？爱是依随所爱之人的心意，是真心实意地尊重、理解、接纳爱人。

两个人原本都带着自己原生家庭的文化，当他们相互融到一起的时候，肯定要经历一个冲突期。在这个冲突期，如果彼此认真对待，彼此了解，彼此接纳，拥有这样一份爱的能力，这些冲突其实是好事情。冲突过后，就会开始形成新的家庭文化。

我们在婚姻中，两个人那么相爱，是很值得尝试进行文化相融的。

家庭文化建设的必要性

我们要把化解家庭文化冲突、融合双方家庭文化、建设新的家庭文化，作为经营婚姻家庭的重要工作。因为家庭中很多问题的根源都在这里，包括：孩子的教育问题、夫妻感情不和的问题、婆媳关系的问题、对两方老人不认可的问题等。张女士的故事就是一个极端的案例，他们的文化冲突确实造成了严重的影响。很多事情在表面上看不出来，其实都在发挥作用。

夫妻双方只要用心理解、接纳彼此，过两三年，基本就可以实现互相认同了。夫唱妇随、举案齐眉、齐心协力，这几个词语的背后，反映的都是夫妻对彼此文化的接纳与融入。

我们在做工作坊的时候，会摆一张床在现场，请夫妻两人直接往床上一躺，随便找个地方睡。然后，让他们选各自父母的替身，就像演心理剧一样，也躺到床上去。我们就会看到，有些"婆婆"，就要睡在夫妻俩中间，她不睡在那里就不舒服；有的人挤啊挤啊，最后把一个人挤出去了。通过这样一个过程，夫妻各自携带的文化就会呈现出来。他们在体验的过程中，就能够领悟到家庭中的一些问题究竟是怎样产生的，就会去思考今后要怎么办，家庭文化要怎样建设。

心理成长体验

画两棵根部相连的大树，一棵代表你的原生家庭，一棵代表爱人的原生家庭，分别在树根、树干、树枝、叶子和果实旁，写下每个家庭的家庭文化。不知道的地方，可以向父母亲和爱人询问。

然后，观察一下这两棵树，想一想，哪些是需要接纳和理解对方的，哪些是可以相互融合。然后写下来。

参考文献

1.梁漱溟.中国文化要义[M].上海：上海人民出版社，2018：9-11.

2.郎小倩．家庭文化的德育功能及其实现 [D]. 延边大学，2014.

3.张立志．对家庭文化建设的思考 [J]. 人口与计划生育，2016(4)：23-24.

第五章

六个人，一张床

上一章我们谈的是"一张床，六个人"，这一章我们谈"六个人，一张床"。这又是怎么回事？

六个人，一张床

"六个人，一张床"，是从我们内在自我角色的变化这个视角来看的。自我是人格中很重要的部分，每个成年人的自我里都有三个人。每个男人，都有一个内在小孩，同时，他也是父性的代表。这样，每个男人就同时拥有父亲自我、男人自我和内在小孩这三个角色。女人也一样，拥有母亲自我、女人自我和内在小孩这三个角色。所以，表面上看，是两个人睡在一张床上做夫妻，实际上是有六个自我在互动。

六个自我，会形成四种婚姻亲密关系模式。

父亲对小女孩：当丈夫的父亲自我出来时，他希望能够照顾妻子，这时候妻子的最佳匹配角色是内在小孩。父亲很喜欢照顾这位小女孩，就像照顾女儿一样，特别有爱，可以为她做饭，为她买东西，体贴关注她的情绪，为她在工作中奋斗，保护她免受生活的风霜。

小男孩对母亲：当丈夫的内在小孩出来时，他就会希望妻子像母亲一样体贴、呵护、照顾他。不仅是做饭、洗衣，连平时很简单的小事，丈夫也希望妻子来帮助自己，例如剪指甲、掏耳朵、选购衣服……甚至在有些家庭里，主要靠妻子赚钱养家。当妻子很乐意呈现出母亲自我时，她就会很愿意为丈夫做这一切。

男人对女人：两个人分别呈现男人自我和女人自我，享受属于两个人的浪漫生活。

小男孩对小女孩：有时，小男孩和小女孩一起玩，觉得很开心。有时，日子并没有那么开心，小男孩想要被照顾，小女孩也想被照顾，两人都不想做家务，两人都不想带孩子。怎么办？吵架！抱怨！冷战！互相都觉得对方很不讲道理，根本没法相处，不可理喻！但是很快又会和好了。

不同的关系模式，两个人之间谁在和谁互动，很值得洞察清楚。当相处的关系模式令彼此不舒服时，要如何调整，也是一种必需的智慧。

爱情中的小男人和大女人

陈女士几年前的婚姻是这样的。丈夫有些大男子主义，稍有不满就大发脾气。他在外面发完脾气，回到家又会哄妻子，让陈女士哭笑不得。更让陈女士无法忍受的是丈夫爱玩、爱赌的性格，时不时会闹出一些事情来。不是外面有了女人，就是赌博输掉了几十万。陈女士为此很是生气，可生气归生气，生意不能没有人管。就算陈女士晚上哭了一夜，第二天擦干眼泪仍要去工作。

丈夫很少能在半夜前回家，经常和老乡朋友出去吃夜宵喝酒。生意上的事也不管。陈女士不是没有抱怨，但是后来她想通了。

既然丈夫不关心自己、不在乎自己，自己也不能把所有的精力都放在他身上。

孩子一天天大了，生意一天天好了，陈女士也想有自己的生活。有一年春节，陈女士一个人去了北京。回来时，丈夫竟然破天荒地去接她，还对她说："老婆，我特别想你！"到了第二年春节，陈女士问丈夫要不要一起去旅游，丈夫表示同意。于是他们带着女儿一起去了三亚，玩得很开心。在过去，他是绝对不会去的。

后来，陈女士在网上认识了一个男人。这个男人是香港人，曾在国外留学，目前在深圳工作。他曾有过一次失败的婚姻。一开始，两人只是普通聊天谈心的网友。后来，他们发现彼此的人生态度惊人的相似，有种相见恨晚的感觉。两人后来约出去见面，甚至还一起去旅游。不过陈女士的反常引起了丈夫的注意。丈夫查了妻子的通讯记录，发现最近她频繁和一个人通电话，就问妻子这个人是谁。陈女士明确地告诉丈夫，他是自己很好的、可以谈心事的朋友。陈女士还说："这些年来你在外面一直有女人，而我为什么不能有自己的朋友？如果你同意，我们可以互不干涉地过日子。如果你不同意，我不介意和你离婚。"

没想到，丈夫非常痛苦。他说他不能想象失去妻子他该怎么办！丈夫坚持让陈女士和对方断绝来往，而她又做不到。陈女士无数次把对方的QQ拉黑，又无数次恢复，内心的煎熬让她痛苦不堪！一边是人生难得的知己，而另一边是相濡以沫的家，还有两个难以割舍的孩子。在这种反复的痛苦中，终于有一天，陈女士拿起电话打给那个男人。她说："如果你准备好了，我就放弃一切跟你走。"可是，对方却说："你不能这样做，因为扔下孩子和一个家，你无法承受，我也无法承受。"原来他小时候，他的父亲就是一个不负责任的男人，扔下孩子不管，是他妈妈一手把他们带大的，为此他很同情妈妈，痛恨爸爸，他不希望他的另一半是一个如此不负责任的女人！陈女士听到这里，默默地挂了电话，走回店铺继续做生意。她心中所有的痛苦和矛盾似乎在刹那间释然了。

出轨背后的心理动机

故事中陈女士又和丈夫和好了，这是因为丈夫暂时妥协了。而婚姻中的忠诚问题，对婚姻的杀伤力是很大的。就相当于一位妈妈单独把小孩留在家里，小孩产生了一种被抛弃的恐惧感，这种恐惧感不会因为妈妈回来了就能马上消失的。同样，在婚姻中，一个人不忠诚于对方，其实也是对对方的一种抛弃，他通过这种行为去攻击对方，对方就会感觉到强烈的羞耻以及低价值感。所以，在他们重归于好之后，还是会有一些隐患。

为什么有些人会出轨？大多数人在遇到这样的故事时，首先会从道德的视角来看，这个男人花心，这个女人不守妇道。但心理学的角度却不是从是与非、好与坏、对与错来看出轨问题的。道德视角是伦理视角，而心理学的视角是从动机与行为的关系来看的。每一个行为背后，都是有动机的。那么，丈夫为什么会做出这样的行为？他有其心理上的动机，有因有果。我们要消除苦果、毒果，那么就要把因翻出来。

有的人为什么会出轨？其中有一个原因就是，他的亲密关系没有满足他的需要，这时就会有这样的现象。有的丈夫出轨了，妻子就愤愤不平，然后就说："他出轨，我最恨的是什么？是他找了一个比我还差的人！"她说："你看这个人，长得比我丑，要什么没什么！"我们发现，妻子所说的这位比她还差的人，评价的标准是按照通常的外貌标准，这个女人是否漂亮、身材好、气质佳。可是，我们分析一下，丈夫找的是什么人？他找的是一个像妈妈一样的人！这个人长得不好看，但是她就是有爱，她可以包容他、接纳他、倾听他。实际上，不是她的丈夫出轨了，而是她丈夫内心的小男孩出轨了，就是那个小男孩找到了一个妈妈。如果是男人出轨，就是男人去找情人；而内在小男孩出轨，就是小孩去找妈妈。世上有这样一句话，叫作"狗不嫌家贫，儿不嫌母丑"。母亲长得怎么样其实不是重要的；母亲性格好不好，对我好不好，疼不疼我，才是重要的。所以，妻子看着自己的丈夫找了一个长得不漂亮，但实际上丈夫却愿意跟她在一起的人。

在婚姻中，每一个男人内心都有一个小男孩，有心理依恋的需要。按道理来说，每一个女人在婚姻中，在亲密关系中，都有一个母性角色。在婚姻中，小男孩的需要谁能满足？就是妻子的母性角色。在四川有些地区，妻子还会把丈夫叫作大儿子。事实上就是这样的，有一些女人不就是这样抱怨说："我好像养了两个儿子！"

　　在我国的老庄文化中，有讲到真诚。《道德经》中讲到"为天下谿，常德不离，复归于婴儿""含德之厚者，比于赤子"。"赤子"就是指天真无邪的婴儿。在古代，"赤"通"尺"。刚出生的婴儿身体仅一尺长，因此称为"赤子"。在人的一生中，不论你多大年龄，在你的内心里，都有一个真诚的、纯真的内在小孩，有一颗"赤子之心"。"赤子之心"就是初生婴儿之心，是非常纯真、不受任何污染的一种状态。实际上，也有人形容老人叫"老小孩"，这是因为他一直都有一个内在小孩，在后天教育的过程中，在不断社会化的过程中，他的社会自我把小孩的角色藏到内心去了，成了内在小孩。等他老了，身体功能开始出现减退，他的社会化也逐渐退去了，他不再那么在乎别人怎么看他了，这个小孩就又呈现出来了。所以，从我们出生，到最后老了离开世界，内心一直都有一个小孩的自我，这是符合人的生理和心理发展的，是符合社会文化心理的发展的。

　　每个男人，不管长多大，内在都有一个小男孩。每个女人，内在都有一个小女孩。如果一个女人失去了内在小女孩，就不可爱了，那么在婚姻中，她的丈夫怎么会喜欢她？如果一个男人失去了内在小男孩，他在婚姻中也不可爱了，他的妻子怎么会喜欢他？所以，内在小孩一定是可爱的。一个男人在事业中是大男人，但是，回到亲密关系中，一定会有小男孩的角色出现。当然他不可能天天是小男孩，但是一定要有。如果一个女人不让自己丈夫的小男孩角色出来，一出来就一番打击，三番五次打击后小男孩角色就根本不敢出来了。那么他就会在一个能够抚慰他内在小男孩的女人那里表现出来。表面上看，是男人出轨了，实际上，是内在小男孩出轨了，男人只不过是一个替身。所以一个男人出轨，并不是说他就是喜欢这个女人，就要和她结婚，就要和她有未来。她只不过是因为满足了内在小男孩的需要，性关系就自然而然地发生了。他实际上还是在找一个妈妈。

还有一些人，他的父亲自我的需要没有得到满足。比如，在故事中他们原先的相处模式里，这个女人一直就是个女强人，不允许内在的小女孩出来，她就没有被爱的能力。为何一些女孩看上去柔柔弱弱，各方面的能力也不是很突出，但是她找的男友或者丈夫总是很宠爱她？因为她有被爱的能力，她愿意接受别人对她的帮助。故事中的妻子从来不让她的内在小女孩出来，她丈夫的父亲角色发挥不了作用。此时，丈夫只好去帮助其他人，比如单位新来的女同事。久而久之，双方便产生了好感。此时男人的出轨是父亲角色在发挥作用，他为了找到自己的价值。

还有一些人，男人需要有一个能刺激到他雄性荷尔蒙分泌的异性伴侣，这时候就是要找一个女人。但男人真正因为妻子或女友性吸引力不够而出轨的比例是很少的。

男人出轨有这三种情况，那该如何挽回出轨的丈夫呢？有的人选择抓住丈夫的胃，但夫妻间的情绪其实会影响胃的功能，因此不一定能够奏效。有的人通过孩子来控制丈夫，或者告诉父母去找他谈话，但往往会把局面弄得更加难以收拾。这些都不是最好的。女性们如果想挽回丈夫的心，需要抓住他的内在小男孩，需要抓住他的父亲自我，同时在女性魅力方面下功夫，就会更加有效果。有一些女同胞在这方面做得很好，她既可以让丈夫像个父亲，又可以让丈夫像个小男孩。反过来丈夫也是一样，既要让妻子是个女人，也要让她展现自己小女孩与母性的一面。

懂得角色匹配

"六个人，一张床"，是在床上睡着六个身份，六个自我。这六个自我会形成婚姻中的四种亲密关系模式。父亲对小女孩模式、小男孩对母亲模式、男人对女人模式、小男孩对小女孩模式。另外，一个爸爸和一个妈妈也不能谈恋爱，一个母爱泛滥，一个父性泛滥，是不可能匹配的。

在婚姻中，亲密关系模式是不断变换的。刚开始时，通常是男人对女人的模式。渐渐地，母亲的身份出来，小男孩身份就出来了；小女孩的身份出来，父亲身份就出来了；大多数的时候，是小男孩身份和小女孩身份一起出来。

当妻子一怀孕，男人就自动升级为父亲。他其实不只当小孩的父亲，他还要当他妻子的父亲。因为妻子在孕产期是很需要被照顾的。但问题是，为什么分娩前后出轨多？就是因为在角色匹配上没有与时俱进。丈夫在这时候要主动地承担起父亲的角色，不能再只做一个等待妻子照顾的小男孩了。妻子怀孕了、分娩了，没有精力照顾丈夫了，丈夫这时候正是发挥父亲自我魅力的时候，尽心尽力地照顾妻子和她肚子里的宝宝，是一次珍贵的幸福之旅。如果这时候，丈夫出轨，显然是丢失了自己人生中的重要角色——

父亲自我的幸福和责任。这份价值感和成就感，他就体验不到，过后又追悔不及。所以，对角色的匹配要懂得与时俱进。

女人也是一样，如果角色总是一成不变，就很容易造成婚姻危机。有些女人就觉得很委屈，嫁给丈夫没享过一天的福，当初他家里多么穷，他妈妈多么不待见自己，怀孕时又受了那么多苦，现在终于熬到头了，家里的经济条件也有明显的好转，儿子也养大成人了，本该好好享享清福了，谁知丈夫却出轨了。这是谁造成的呢？只是丈夫的错吗？其实不尽然，妻子之前那么累，为什么不能让自己的内在小女孩出来呢？让丈夫帮着去做一些事情，给他一种被依靠、被需要的感觉，唤醒丈夫的父亲自我，丈夫也会很享受的。可是妻子却一直当妈妈的角色，到最后自己回不来了。等自己想回来了，对方已经被自己惯坏了。奉献是一种需要，利他也是一种需要，如果总不让他给予，总让他接受，就会出问题。这就是有些男人在外面干活挺乐意，在家当甩手掌柜却不开心的原因。

所以，一定要懂得角色匹配。对于丈夫来说，父亲要像个父亲的样子，父亲就是要履行承诺；男人要像个男人的样子，男人就是负责激情；小男孩要像个小男孩的样子，小男孩就是负责亲密。结合斯腾伯格的爱情三角形理论来理解，是不是缺一不可？妻子也是一样，要能够在三个身份中转换。

那如何进行角色转换呢？你要能够观察到对方的角色。这有点类似于田忌赛马。你出一等马，我出下等马；你出二等马，我出一等马；你出下等马，我出二等马。这不就赢了？

有一个误区要注意，有的人转换角色，就是想要去指挥对方做事情。有的人指挥就能指挥好，有的人就不一定指挥好。有一位丈夫，二十年前，每个月赚两三千块钱，当时这个收入很高了。但如今他就给人家干一些小活，生活很穷困。就是因为他妻子当家，而她的格局太低。他妻子就像"武大郎"，他就像"武松"，让"武松"跟着"武大郎"干活，那不是废了？有一句话说得好，另一半直接决定你的命运。以上故事中的妻子真的决定了丈夫的命运，而且她还嫌弃他，什么都是她指挥的，最后还要指责他，结果把好好的一个人给耽误了，非常可惜。在婚姻中，包括男人也是一样的，如果他的品位高不过对方，却想让对方像他一样，对方就不能进步。

黄脸婆是谁培养的？就是丈夫，如果给妻子更多的鼓励，她不就更光鲜吗？反过来也一样的，成功的男人是谁鼓励的？是妻子。所以，角色转换真的很重要。妻子扮演小女孩的时候，丈夫就要像个父亲一样去为"女儿"而奋斗，这样丈夫一定会成功！有时候，真的是要用一点套路。

我们有时候想要帮助对方，不如说是帮助自己。因为我们最难放下的是自己。你如果有足够的安全感，你就不会去控制对方，你管理对方其实就是一种控制。对方按照你的方向去跑，这样可能是安全的，但是安全也就意味着作为就少了，创新就少了，发展的可能性就小了。

尊重彼此需要，适时变换角色

在这四种婚姻亲密关系模式里，没有哪一种是绝对的好或者不好，要变化，要辩证，要匹配。

对方需要你扮演哪个角色了，你就转换过来，去扮演哪个角色，这就是匹配的。如果对方需要你扮演哪个角色，你视而不见，不理他，就可能会出问题。有的人可能从外表看没有什么问题，但是他不开心，会压抑，压抑也容易生病。当然，也不一定都会有问题，有的人就没有问题。每个人都有这样的心理需要，我们满足了需要就很幸福。没有说哪一种才是好，有的看着好，在自己身上不一定就好，还是看自己的追求，以及追求的程度。

关键是我们是否了解自己？能不能为对方做一些事？第一，要能意识到彼此的角色需要；第二，要与时俱进地变化角色；第三，要有能力忍受。如果妻子变成一个小女孩，而丈夫在婚姻里从来没有做过父亲，一直被妻子照顾，这时候丈夫就得有点奉献精神了。表面上看，丈夫是为对方牺牲一下，实际上是弥补了自己这方面的短板。相反地，如果丈夫变成一个小男孩，表面上看，是妻子在照顾丈夫，但实际上可能提高了妻子某一方面的人格的能力。一个人小时候的成长历程决定了他是哪一种人格状态，当他转换角色之后，对方若能帮助他获得了成长，他就修复了原来的问题，他就变得更饱满了。

所以，有一些女人说不做妈妈觉得好像还没圆满。其实，她这三个身份没做，就没圆满。有的人一辈子就是一个小女孩，她的丈夫就从来没享受过另外两种角色，她自己也没享受到。

在两性关系里，"六个人，一张床"的四种亲密关系模式还有很大的发展空间，是可持续发展的。这也是我们学习成长的关键着力点，根据三个角色找到自己的成长着力点，越成长，婚姻越美好。

心理成长体验

到河流边，或在家附近，捡两颗小石头。一颗代表你，一颗代表爱人。仔细欣赏一下这两颗小石头，给它们各起一个名字。然后，想象一下，它们此刻在相互介绍自己，相互告诉对方自己的需要。体会两颗小石头的对话，然后写下心中的感受。

参考文献

1.[美]Jerry M.Burger.人格心理学（第八版）[M].北京：中国轻工业出版社，2015：110-115.

2.汤漳平，王朝华译注.老子（中华经典名著全本全注全译丛书）[M].北京：中华书局，2014：108,220.

第六章

一个人，六张床

"一个人，六张床"，讲的是一个人的历史。

为什么要讲一个人的历史？因为，人格是在文化背景中形成的，文化决定了一个人独特的人格。而人格是人一生动力的源泉。文化影响一个人的人生价值观，影响一个人拥有怎样的人生信念，影响一个人的性格，影响一个人的认知水平，影响一个人提升认知水平的动力，影响一个人的心理资本，影响一个人在遇到各种事情时会有怎样的情绪反应，影响一个人拥有怎样的思维倾向，影响一个人的行为选择，影响一个人的适应能力，影响一个人的处世风格……而这些，都与个体在婚姻中呈现的状态息息相关。

经营婚姻家庭，需了解彼此历史

培根说："读史使人明智。"在婚姻中，两个家庭产生文化冲突，进行文化融合，都是很重要的根源性问题。你对爱人的了解程度，包括爱人的历史、爱人从何而来、爱人发生过什么……这些都是非常重要的信息。掌握这些信息的程度，影响着你在面对婚姻家庭出现问题时的处理能力，影响着你建立家庭新的文化的能力，影响着你和爱人的关系水平可以到达的程度，影响着亲子教育的水平。文化的融合、文化的联结，是婚姻中真正深层的关系假设。文化上的牢固缔结，意味着对彼此精神世界的深刻认同，可以给夫妻二人带来深度的幸福感和安全感，维护亲密、激情和承诺这爱情三元素的水平，建立起越相处越幸福的婚姻关系品质。

以前面的故事中的张女士为例，张女士如果一开始就知道她的丈夫 12 岁的时候没有了父亲，他的母亲曾经想改嫁，他带着他的弟弟妹妹跪在母亲面前不让其改嫁的这段历史，那么她后来的行为都会不一样。

在婚姻家庭中，一个人如果想知道如何爱自己的丈夫或者妻子，就要了解对方的历史，同时，也要了解自己的历史就要了解一个人的六张"床"。这六张"床"，其实是六个家，分别是：爷爷小时候成长的家，外公小时候成长的家，父亲小时候成长的家，母亲小时候成长的家，自己小时候成长的家，自己现在的家。

你嫁的不是一个人，是一个家庭

林女士是广州人，曾在上海的一家世界 500 强企业任职粤语客服。当时，林女士刚来上海，人生地不熟的，一个人漂泊异乡，很是可怜。这时，一个男人出现在她的面前，他是林女士的房东。因为是同龄人，两人很快就相熟了。男人当时是一个外籍老板的司机，平时工作时间不长，就非常照顾林女士，嘘寒问暖，热菜热饭，让林女士感觉整个冬天都温暖起来。另外，他们还有相似的成长经历，男人父母早年离异，他和妈妈相依为命；林女士的父母在她小的时候感情也不好，她也是母亲带大的。两人很快坠入爱河，并过上了同居生活。

几个月后，林女士发现自己怀孕了，问男人怎么办。男人当时没回应，晚上问了他妈妈后才给答复，说要和她尽快结婚。于是，林女士就打电话告诉了自己的父母。父母说："如果要结婚，两家人该坐下来商量一下。如果你们没时间来广州，我们可以去上海商量。"谁知男人听了之后说："他们过来干什么？我们要忙婚礼的事，没时间接待他们，等喝喜酒时再来不就行了？"林女士听了很不高兴，说这样很不尊重她的父母。两人为这事大吵了一架，吵到最后林女士说不结婚了，要把孩子打掉，两人分手。后来，男人对林女士说，希望再给大家一个机会。林女士泪流满面，恋爱时的种种美好涌上心头。两人抱在一起哭了一场，决定还是如期结婚。

婚后不到一个月，丈夫和婆婆就劝林女士把工资卡交给丈夫保管。当时，林女士不同意。她在上海无依无靠，如果手上一分钱都没有，真的很没有安全感。他们就轮流做她的思想工作。丈夫说，他比较会持家，钱交给他才能存得下来。婆婆说工资卡交给丈夫，他们夫妻就不会为了钱的事伤感情。当时林女士怀着孩子，每天下班都累得要命，实在经不起他们的软缠硬磨，只好把工资卡交了出来。从那以后，家里的一切东西都是丈夫去买，林女士要买瓶润肤霜，都要向丈夫申请；要出去吃点东西，必须凭发票报销。

怀孕9个月时，林女士开始休产假，妈妈也来到上海照顾她。由于当时没有多余的房间，妈妈只好睡客厅。当时是冬天，天气特别冷，林女士害怕妈妈只盖一条被子着凉，就把自己的被子给了妈妈，而丈夫把他的被子给了妻子。结果，第二天，丈夫感冒了。为此，婆婆教训了林女士无数次，直到林女士大着肚子跪在她面前认错才算完。到了预产期，林女士的肚子还没动静，在医生建议下她住进医院。没想到林女士住院时，妈妈突然糖尿病发作，是婆婆把她送进了医院。因为家里没有人照顾妈妈，林女士只好让阿姨过来把妈妈接回广州。从那以后，婆婆和丈夫每天都数落这事，说林女士的妈妈来了，不但帮不了忙还添乱，如果不是婆婆，她妈妈早死在上海了。

孩子4个月的时候，林女士要上班，婆婆很不高兴，说上海所有的小孩都是外婆带，她帮儿媳带孩子太辛苦。为此，林女士一下班就尽量带孩子做家务，可是婆婆和丈夫还是不满意。

丈夫还很专制，在家里，林女士没有任何自由。她上QQ要把密码给丈夫，由他随时查。丈夫不许她随便买东西，不许她回广州，公司的旅游也不许她去，稍有不慎就威胁她要把她赶出去。有一次，在QQ上，林女士实在忍不住向一个中学同学诉了几句苦，结果被丈夫看到，认为林女士损害了他的尊严，要和她离婚。林女士说离婚也行，她在附近租个房子，下了班一样可以照顾女儿。可是婆婆说："你在上海拿高工资，我帮你带孩子。离了婚，你也休想在上海混下去。"他们逼她辞职。婆婆抱着女儿到林女士的公司去闹。实在没办法，林女士只好辞掉了工作。丈夫说女儿抚养权归他，因为他们家的房子要拆迁，多一口人能多补偿一些。但他妈妈不能再帮着带女儿，让林女士带女儿回广州，林女士也同意了。之后两人签了离婚协议，说好林女士上飞机时，前夫把女儿送过来，但第二天他们一直没来机场。

回到广州后，林女士就找了份工作，希望有了固定收入时把女儿接过来，可是前夫不同意。他说为了女儿，让林女士回上海和他重新开始，但条件是她不能工作，在家专职把女儿带到 3 岁。林女士心里很矛盾，回到那个家就意味着要重蹈以前的覆辙，可她又不想离开女儿，她不知道该如何选择。

"一张床，六个人"，主要讲的是原生家庭参与新家庭的管理和建设，父母就是顾问，而丈夫和妻子是股东，小孩是产品，它是一个无限责任公司。所以，很多婚姻家庭的问题，在治疗的时候，第一步工作就是切断原生家庭的父母对子女家庭的干涉。顾问是要爱这个新家庭，而不是去指导这个新家庭。那么，这位上海的婆婆不是在帮助新家庭建设，而是直接接管了儿子的新家庭，她显然是在垂帘听政。

你嫁的不是一个人，而是一个家庭。如果一开始就从这个角度去考虑的话，那么林女士可能就不会这么敷衍轻视。如果不考虑这个问题，是会吃亏的。林女士就吃了大亏。一个幼小的女儿留在前夫那里了，作为母亲该怎么办？很多时候，人一旦留下一个未完成的事件，就很难再幸福了。所以，无论结婚也好，离婚也好，无论你做哪一种选择，一定要把事情处理好，不能弄得自己一辈子不开心。

所以，好的开始是成功的一半。一开始，她就不应该犹犹豫豫；一开始没有想清楚，没有下定决心，就不要去做。林女士的婆家人本就精打细算，会过日子，而且非常不尊重林女士，也非常不尊重林女士的父母和她家乡的结婚习俗。林女士不了解对方的价值观，一开始发现他们不尊重自己的父母，内心有冲突的时候，又盲目地做了选择，这个苦头就吃定了。这是一个死结，不好解的。

相处，需了解自己和对方的历史

所以，我们一定要知道自己是从哪里来的。亲爱的读者，你还能想到自己一直以来成长的家庭有什么特点，能讲出家庭的历史故事吗？你可能没有见过，但你一定是听过的。你得做一个了解自己家庭历史文化的人，你得去看看你爷爷小时候生活在哪里。他如果在的话，你就去拜访他。如果他不在了，就去祭拜他的坟，这个是很重要的。爷爷小时候的家是怎样的，父亲小时候的家又是怎样的，都要去看看。现在很多年轻人，尤其是很多女孩子，跟自己的父亲关系不好，其实她们不了解自己的父亲，如果她们真的去了解自己的父亲是怎么成长的，这个问题马上就能解决一半。

今天的人们都向前看了，而不往后看家庭的历史。都向前看，就只关心小孩，而家族历史上有哪些人，这些人是怎样的人，经历过哪些故事，有什么样的人生价值观，有什么样的人生信念，平时都是怎样生活的，做过哪些值得骄傲的事，有过怎样的人生教训……我们一概不关心。这也是我们需要成长的地方，学会树立起家庭历史文化观。当我们有了这样的思维，才可能在面临婚恋的选择时，不会那么盲目和冲动，才会有意识地进行新家庭文化的建设，对双方的家庭文化进行理解和融合。

我们要去主动了解自己和爱人的历史，这样就可以对孩子们讲祖辈们的故事。如果现在不讲，以后也不讲，我们的孩子就不懂自己的家族文化。就像一个果子不知道自己是在哪棵树上结的一样，就像浪花不知道自己属于哪片大海一样，造成的迷惘，会让心灵渐渐变得缺少养分，渐渐变得找不到家的方向。孩子在人生到了一定的阶段时，会因此而感到遗憾，会有一种寻不到根的痛和恨。了解家族文化，其实对每个人来说都是一种心理需要。

如果每个家庭的每一辈人都有几个故事可以讲，我们的孩子就能把这种家庭文化传下来。有些人会有意识地建立家庭档案，这个做法很值得借鉴。只要你愿意听，老一辈都很愿意说。你只要听他们说一回，你就是他们家的人了，感情会变得更好的。有的人会觉得长辈讲以前的事显得很啰唆，那是因为他们没有去关心家庭的历史文化，等意识到了，就会很愿意听他们讲。

家庭文化中的积极心理动力

人是文化的产物。当我们了解了对方的家庭以后，有些事情就变得很容易了。比如林女士，如果她下定决心，既然已经嫁了这个人，就在上海完全地把自己交给他们家，结果也不会坏到哪里去。实际上，她也并没有认同她丈夫家庭的任何方面。这个故

事和之前张女士家庭里儿子酒后砸父亲脑袋的故事，有异曲同工
的地方。为什么我们不认同对方的家庭？这是因为我们连自己的
祖先、自己的原生家族，都没有意愿去了解。

这个了解的过程，是对自己文化的丰富。我们努力学心理学，
学各种各样的方法和技术，都不如去探寻我们家庭的心理文化。
心理是文化的产物，如果我们了解了自己是怎么来的，家族有怎
样的文化动力，自己今天为什么是这样的性格，我们自然就能够
去了解自己的伴侣为什么是这样的性格，在了解伴侣的来历的时
候，就更加明确了。有的人可能在原生家庭的生活中，有过艰难，
有过一些经历，过独特的一些体验。他今天的行为，就是根据
他过往的体验而产生的。

其实，人有时候回忆一下过去真的是有好处的。尤其是教育
我们的孩子，让他了解自己的历史，特别有好处，这是真正的教
育。家族能够传承到今天，一定有很多动人的故事，一定有很多
值得传承的价值观、信念、积极品质等。在家庭教育中，对孩子
多讲一讲我们的祖先和他们的故事，这是对家族文化进行传承的
重要过程。当我们了解自己家庭的历史文化，从骨子里把它们当
成营养来滋养自己时，我们就会觉得很有干劲，家庭文化赋予我
们积极的心理动力。每个人在家庭历史文化中，都可以找到积极
因素，有的是特别的经历，有的是性格，有的是信念，有的是人
生价值观，有的是意志品格，有的是美德……

夫妻咨询三要点

我们再来看故事中林女士的矛盾心理。如果她来做心理咨询，我们就要详细去了解情况。也许了解之后，我们会发现事情并不完全是这么回事。

比如，林女士下跪，不一定是婆婆要求她做的，是她在那种压力和环境下受不了，干脆给婆婆下跪，就把这个事情化解了。婆婆是不是真的逼她一定要把工资卡交出来？也许婆婆虽然说过让她把工资卡交给丈夫，但也没有如此逼迫，只是她为了讨好，就把工资卡交出去了。如果她是一个人格上不健全的人，心理上不健康的人，她害怕别人对她不好，她就要想办法讨别人喜欢，但又不是心甘情愿这样做的，过后她就把这一切都归咎对方。所以，我们就要看当事人到底是怎么回事。

夫妻咨询最麻烦的就是公说公有理、婆说婆有理。这就需要透过现象看本质。不能因为其中一个人说了什么，就马上去判断其配偶是怎样的人，不可以这样进行判断。当事人生活在一起，他们每个人的感受都会不一样，要对每位当事人都要进行访谈。

所以，夫妻咨询时，要看三方面：一是双方心理体验，二是双方人格是否健全，三是双方背后的文化。从这些角度深入才能解决问题。

小结

"一张床，六个人""六个人，一张床""一个人，六张床"这三篇床系列，是一以贯之的。新家庭的建设，父母长辈不要去干涉太多，要切断管制。那么，在新家庭的经营中，夫妻两个人的自我角色要相互匹配，要相互地去变化，做到与时俱进。在经营中，要走进一个家庭，就要去了解对方的家庭文化。既要了解自己从哪里来，也要了解自己的另一半从哪里来。一旦确定了要进入这种文化系统，就要入乡随俗。

我们也要主动培养下一代的文化适应能力。如果能够让我们的孩子多听一些家庭文化的故事，他们的文化适应能力就会变强，他们就会知道自己原来是这样来的。

心理成长体验

准备 6 张空白 A4 纸，一盒蜡笔或彩笔。

在一个安静的空间里，放松心情。然后，依次画出六幅画。第一幅是"我爷爷小时候成长的家"，第二幅是"我外公小时候成长的家"，第三幅是"我爸爸小时候成长的家"，第四幅是"我妈妈小时候成长的家"，第五幅是"我小时候成长的家"，第六幅是"我现在的家"。如果你现在还没有成家，就画一幅你想象中的未来的家。

画完之后，思考一下，这六个家对你今天的人生价值观，对你的性格形成，对你的认知水平，对你的处世风格，对你的思维方式，对你的行为选择，对你的恋爱或者婚姻有哪些启发。

你也可以邀请伴侣和你一起画。你画你的六个家，他画他的六个家。画完之后，互相介绍一下自己画的六个家的故事，聊一聊，这些对你们的人生有哪些启发。

参考文献

1.［美］兰迪·拉森，戴维·巴斯.文化与人格 [M].北京：人民邮电出版社，2013：5-12.

2.［美］Jerry M.Burger.人格心理学（第八版）[M].北京：中国轻工业出版社，2015：11.

3.韦志中，余晓洁.画心：绘画心理治疗师的心灵透视课 [M].北京：台海出版社，2019：76-77.

第七章

离婚需要心理资本

不是每一段婚姻，都能够一辈子走下去。当我们走出婚姻，我们依然可以看见人生孕育着希望，窗外依然有蓝天。

随着社会的发展，越来越多的夫妻选择了结束婚姻。据人民日报公布的数据显示，从 1987 年到 2017 年，离婚率上涨 6.53 倍；从 2003 年到 2017 年，离婚率连续 15 年上涨。2017 年，我国有 437.4 万对夫妻离婚。据民政部发布的数据，2018 年，我国有 380 万对夫妻离婚。

主动离婚和被动离婚

随着社会的发展和进步，人们对离婚这件事也看开了。有的人会主动选择离婚，两个人都已经想得非常明白，打算好聚好散，还会相互祝福对方，之后像亲人一样相处，还可以坐在一起聊聊天。

以往，有些父母不能接受子女离婚，就像前面的章节故事中的张女士想离婚，她告诉父母自己的想法，父母马上就跟她说："我一直以为你是我的骄傲，现在你竟然要离婚。"这种情况如今也渐渐开始改变。因为老人的态度、小孩的态度、自己的羞耻心或者对未来的恐惧而强撑着不离婚的人也在慢慢减少，他们不再把表演一个幸福和谐的婚姻视为献给老人的孝心，或是视为对孩子的爱，而是做一个真诚面对婚姻的人，给自己的人生一个重新选择的机会。虽然这样一时会让老人和孩子有所不解，但是他们会通过自己成熟的方式再次让老人和孩子感受到安全感，获得老人和孩子的理解和支持。

但绝大部分人离婚，都是被动走出婚姻。被动离婚的人们，有一种情况是对现有婚姻感到失望，在婚姻中被尊重、被理解的需求没有被满足，对另一半感到无能为力。这种情况很像抑郁症的发展。首先，是在生活中产生无力感，说小孩，小孩不听；说丈夫，丈夫不听；回娘家跟父母说，父母还把自己批评一顿。虽然产生了无力感，但是还会叹叹气，还愿意吵吵架。再往后，就开始倦怠，懒得说话，不愿与人沟通，连叹气都不叹了。倦怠感之后，就是习得性无助感。习得性无助感是指，认为自己无论怎么努力，都不能改变现实。表现在婚姻里，就是认为自己根本没有力量去改变现实，对婚姻开始失去信心，对自己开始失去自信。习得性无助之后就渐渐发展出抑郁的情绪状态，再升一级就是抑郁症。当婚姻发展到这个阶段，个体就会对婚姻彻底失望，开始打算彻底放弃这段婚姻。其实，针对这种情况，是可以通过心理辅导来改善的。心理辅导可以帮助夫妻改变对婚姻中一些事件的心理体验，让当事人重新获得信心，找回在家里的主动权，再次体验到对生活的掌控感，并且可以通过一些具体的方法，重建幸福的夫妻关系。

被动选择离婚，还有一种情况是和对方实在过不下去了，实在是超越生命能够承受的极限了，例如对方对自己家暴，对方是边缘型人格障碍，对方有不良嗜好，比如吸毒、赌博……在这种情况下，走出婚姻，是对人生、对孩子更负责任的选择。

近年来，人们离婚的三个最主要的原因，分别是沟通问题、婚内出轨、长期分居。婚姻的亚健康状态，包含一系列问题，如适应问题、文化问题、危机问题、亲子问题、婆媳问题、匹配问题、性的问题等。

在新时代，人们普遍存在日益增长的对幸福美好的生活的需要，与实际经营婚姻的能力不充分、不匹配的矛盾，这是一个显著的问题。因此，在离婚率高涨的背后，我们也要看到，离婚不一定能解决问题，因为真正的问题在于人的心理能力。我们要去学习成长，成为拥有幸福婚姻经营能力的人。即便已经离婚，在将来再次走进婚姻时，才能真正有能力获得幸福。

一位准备离婚的女子的自述

接下来，通过一位准备离婚的女子的自述，我们来看看她为什么要离婚。

我高中毕业那年，父母正在闹离婚，每天都吵闹不停，为了逃避，我就常常到市郊去玩，在那里我认识了比我小两岁的他，很快便恋爱同居。那时的我感觉爱情像我的避难所一样，让我不用面对家中的尴尬。可是，我没想到，相处两年后，我发现男朋友在家里吸毒，劝阻无效，我提出分手。三年后，他父母带着他来求我复合，他父亲还保证会帮他戒掉毒瘾，于是我原谅了他，与他重归于好。

　　后来，我们结婚了。婚后不久，我发现丈夫又开始吸毒，我把这事告诉了公公，公公把他关在家里强制戒毒。儿子出生后，全家人都很高兴，因为是长子嫡孙，丈夫一家都很疼爱儿子。一次，因为娘家发生了一些事情，我心情不好，拒绝和丈夫过性生活，谁知从那以后，他基本不怎么回家。不但在外面花天酒地，还玩女人，甚至还包养了一个小姑娘，对方连孩子都有了，还是婆婆给了钱让对方把孩子打掉了。

　　当时我就想离婚，还带着儿子回了娘家。因为丈夫不同意，我就起诉到法院。有一天丈夫趁我不在，到娘家把儿子带走了。这件事对我打击很大。儿子还小，不能离开母亲。可律师对我说，因为我没有工作，儿子判给我的可能性不大。我一想到要离开儿子，就痛不欲生，只好去法院撤诉。之后，我住在娘家，经常回婆家看望儿子。这段时间丈夫也下决心戒了毒。为了儿子，我原谅了他，搬回家了。

　　我回家后，丈夫有两年没再吸毒，但也不怎么回家，有时候就在外面打牌赌钱，经常彻夜不归。后来，他迷上了地下彩票，越赌越大。有一次居然输了二十多万。没办法，我只好动用了承包的分厂里的钱帮他还债。前前后后共还了四十多万。正在此时，他弟弟私拿了厂里的贷款，还把厂也私吞了。丈夫是一个很重兄弟情的人，看到弟弟这样对他，他心情沉重，不久又开始吸毒。为了帮他戒毒，我带他去医院，花了一万多元在他身上植入了一颗药。

　　2008 年，受金融风暴影响，厂里经营很困难，我们经常为钱的事吵架。因为心烦，他又开始吸毒。我以为他身上植了药应该不会再吸。后来去问医生，才发现这种药只能戒海洛因，而丈夫这次吸的是 K 粉！当时我绝望极了，一切的噩梦又再次重演！公公一次次把他关在总厂强戒，而他又一次次复吸。没有钱他就乱开信用卡，还去地下钱庄借。实在没办法，我跟他说我顶不住了，趁现在还没有卖房卖车，还是离婚吧。现在离婚，起码我和儿子还有一条退路。他一味地忏悔，让我给他机会。我对他实在没有信心，坚持和他分居。我带着儿子在家里住，由于要强戒，他和家人住在总厂。

　　有一天，丈夫回到家中，我们吵了几句。他忽然把我推进房门，用手掐我的脖子，我大声呼叫救命！儿子在外面拼命拍门，他也不开。儿子就打电话给公公，不久公公开车回来，听到车声他才松了手。这事对儿子影响很大，儿子后来说不想活了，想自杀！我听了心如刀绞，儿子正值青春期，我怕我们的矛盾会影响儿子的心理，就一直忍耐着不敢再提离婚。

　　从那时到现在，我们一直分居。这段时间，他又开始回家监视我，在我的电脑上装监控器，偷看我的聊天记录。有一次，我去外省旅游，我有个女同学在那边，她因临时出差，就让她公司的一位员工来接待我。谁知，那天我刚进宾馆没多久，就听到外面有人踢门。原来，是丈夫跟踪而来，非说我是来私会情人的。他还说要去把人家杀了，要报复，等等。我觉得他现在完全是心理变态，实在不能和他再一起生活下去了，于是坚决要求离婚。

因为原生家庭的父母闹离婚，在高中的时候，故事中的女主人公就认识了这个男朋友。从那时开始，她被动的人生就开始了。她每走一步，都不是自己主动安排的。也许，今天她认为离婚就是她的主动选择。如果是这样的话，那么离婚对她来讲就是有意义的，就不再是逃避了，而是一种主动的选择。

从他们的婚姻现状来看，继续下去，人生不会好到哪里去了。吸毒的人戒掉毒瘾很难，搭上自己的幸福，也搭上了孩子的幸福。孩子萌发自杀的念头，说明他们婚姻的"坏果"已经结出来了。如果她从婚姻里走出来，无论是自己单身过还是再婚，未来还是可能会有更好的生活。如果她可以真正地走出来，彻底摆脱丈夫的话，她过好了，她的孩子就还有希望。她的孩子即使将来不跟她在一起生活，孩子的身心还是向健康发展的。

很多时候，人们会觉得，好死不如赖活着。真的是这样吗？并不然！如果从幸福的角度来讲，肯定是"好死"要比"赖活"着强。在婚姻中，两个人好好地分开，或者是切断一个不良的环境和关系，让人生重新开始，这肯定是一个积极的选择。

离婚需要心理资本

我之前在做辅导的时候，有一位男士，他是边缘型人格障碍，对妻子家暴。后来，妻子跟他离婚了，他又回来缠。妻子是那种受虐型人格的人，一般创伤型家庭出来的小孩都有受虐人格特质。

他们来找我咨询，问我要不要复婚，我就直接跟这位男士说："你没有结婚的资格。"就从一位心理咨询师的角度来看，这样的人结一次婚就害一群人。有些人是不能有婚姻的，他会把整个家庭都给毁掉！所以，要放弃他，保全妻子和孩子的人生，这样他们还有希望。妻子只是他在人生旅途中遇到的一个人而已，不是陪他来活的，不能把自己搭上，更不能把孩子也搭上。

有人会说，心理辅导是客观中立的，要让来访者自己选择。这是对的，但同时也要看情况而定。比如这位遭到家暴的女性，遇到这样的丈夫，不离婚怎么行？有些人在人格上有创伤，心理上有缺陷，爱人给予理解、接纳和包容，渐渐让他们恢复了心理健康，这是可以的。但是故事中的这位丈夫，性质是不一样的。他因为吸毒，已经产生了很严重的幻觉，他会很轻易去杀人，去杀任何他认为和妻子有亲密关系的人，甚至是妻子本人。因此，妻子要强制性地离开。

然而，故事中这位女子，她虽然下定决心要离婚了，但她目前的心理资本够不够？为什么她一次次地选择了被动，一次次地动摇？她但凡有心理能力，当初就不会跟他继续下去。发现男友吸毒，分手三年，后来又跟他和好并且结婚了。她第一次想离婚的时候，律师说把孩子判给她的希望不大，那是骗她的。因为如果她证明丈夫吸毒的话，丈夫绝对拿不到孩子的抚养权。显然，她没有努力去争取。后来，丈夫买地下彩票，她又帮他还了赌债四十多万，这个时候她又很想离婚，可孩子被丈夫偷回去，她就又妥协了。那个时候就已经说明她走不了，她就没有离婚的决心。

离婚，就好像出家一样，不是人人都出得了的。很多人明明知道离了婚会有幸福，但真的离得了吗？这就是离婚的心理资本不够，在真正面对离婚时，就会找理由退缩。因为她根本没有能力走出现有的生活环境，她已经习惯了，她会去找没有办法离婚的理由来说服自己，因此她走不了。那么，如果我们给她辅导的话，就要帮她建立离婚的心理资本。

离婚的心理资本包含自信、希望、乐观、韧性四个要素。

自信的人，离婚之后，依然有信心把人生活好，依然信任自己生存和发展的能力。内心充满希望的人，在离婚之后，依然相信自己还有机会遇见更好的伴侣，能够怀揣着美好的梦想继续前行。乐观的人，可以看到离婚这件事情积极的一面，以积极的心态走出婚姻，并且在走出之后，以积极的语言、积极的行动步入新的生活。有韧性的人，即便在生活中面临一些困难，也能够以坚强的意志面对问题、渡过难关。

如果你真的是在婚姻中努力了一二十年也过不好，比如每天在外边很光鲜，回家后就伤痕累累。我想劝劝这样的朋友赶快离开，走上一条人生的光明之路。

离婚需要谨慎

然而，不是每个人都有离婚的资格。有的人离了之后，不一定能过好。有的夫妻离婚后，没法给孩子一个好的安排。什么是好的安排？就是尽管夫妻两个人离婚了，无论有没有抚养权，都依然是孩子的父母，都还要给予孩子及时并且持续的关心和照顾，保护孩子的身体和心灵，保证孩子健康成长，顺利完成学业。在孩子长大成人之后，还是会和孩子经常联络，交流感情，彼此关怀。

离婚是仅次于亲人死亡的创伤事件。在离婚的过程中，很多人都是处于一个应激的状态，很少有人可以平静、友好地分手。双方在应激状态下，就会产生很多不好的体验。有些人心理资本不够，就会出现一些不当的言行，让矛盾激化，甚至有的夫妻变成仇人，并且把仇恨情绪转化为报复。例如，有的人就是不想让对方见到孩子；有的人就是不付孩子的抚养费，让对方难堪。有的夫妻，其中一方甚至双方都打算在离婚后不再管孩子，把责任撇清，孩子就会受到严重的心理创伤，甚至连学业都无法完成，甚至病伤都无人问津。如果不能妥善安排好孩子，就没有离婚的资格。

离婚之后，要怎样走出来？这是非常值得认真对待的。关于自己，关于曾经的爱人，关于孩子，关于老人，关于财产，甚至关于事业……这是一个大的系统工程，也会有很多的心路历程。但无论如何，都需要不断地突破自我，适应新的、独立的生活，需要扔掉很多在婚姻里养成的习惯，重新成为一个可以对人生负责任的人，成为一个可以和曾经的爱人一起轮流照顾孩子、友好合作的人。

心理成长体验

在一个安静的环境里，静下心来，在一张 A4 纸上，画一个大的长方形，尽量占满整张纸。然后，把这个长方形分成一幅九宫格。

接下来，按照如图顺序，在这九个格子里，分别画出自己在成长过程中，通过自己的努力战胜困难的故事。

1	2	3
8	9	4
7	6	5

画完之后，在每个格子里，写下这个故事体现出自己拥有哪一项积极心理品质。你可以参考积极心理学提出的 24 项积极心理品质。

智慧和知识：创造力、好奇心、开放思想、热爱学习、有视野（洞察力）。

勇气：真诚、勇敢、坚持、热情。

仁慈与爱：友善、爱、社会智能。

正义：公平、领导力、团队精神。

修养与节制：宽容、谦虚、谨慎、自律。

心灵的超越：审美、感恩、希望、幽默、信仰。

写好之后，体会自己内心的感受，在这张纸的背面，写一段话送给自己。

参考文献

1.韦志中.团体心理学：本会团体心理咨询模式理论与实践[M].北京：清华大学出版社，2014：349-350.

2.[美]罗兰·米勒，丹尼尔·珀尔曼.亲密关系[M].北京：人民邮电出版社，2011：389,401-409.

3.[爱尔兰]Alan Carr.积极心理学[M].北京：中国轻工业出版社，2015：65-76.

第八章

爱和被爱的能力

我们作为人，身上最为珍贵的能源是什么？就是爱。

积极心理学认为，爱的能力对人类的生存至关重要。爱是人类高尚的情感，是我们精神世界的阳光、空气和水，也是一种珍贵的心理能力。爱的能力强大的人，会更懂得看见、倾听、尊重、理解、接纳、支持的意义，既懂得爱别人，也懂得爱自己，生存能力会更强。他们在生活和工作中，会更倾向于去发现和理解人们的需要，而能够做出富有创造力的行为，或是做出一些很有意义的行动，因而可以活得精彩。不仅自己精彩，也能够为别人带来精彩。

与之相对的还有另一种能力，叫作"被爱的能力"。愿意接受来自别人的关爱和帮助，这也是一种心理能力。有被爱的能力的人，允许别人对自己好，快乐地接受来自任何人的善意，快乐地接受别人提供的资源。既能够让给予他们爱的人感受到快乐和满足，也能够汇聚各种资源，把生活和工作经营得丰富多彩，就像丰收的庄园，创造出鲜花朵朵，创造出果实累累。

哈佛大学精神病学家乔治·瓦力恩特发现，被人爱的能力很关键。积极心理学家塞利格曼认为，被人爱的能力是创造积极人际关系的必要条件，是实现幸福的途径之一。

心理技术"我需要你"

"我需要你"，就是一个培养爱和被爱的能力的心理技术。

我会在上心理咨询师成长课的时候，采用这样一个技术。现场选一半的人扮演求助者，一半的人扮演帮助者。扮演求助者的这部分人围成一个圆圈，面朝外坐下来，形成一个"内圈"。帮助者则围着他们形成一个"外圈"。求助者们每个人闭上眼睛或是蒙上眼罩，向外圈的人求助，练习被爱的能力。为什么要蒙上眼睛？因为被爱的能力中有一项重要的元素是"没有分别心"，谁帮助你，你都可以接受，不能挑剔。你要接受所有人的帮助，并且想到自己的问题时可以大声求助，就大声地喊出来。当我说"开始"，求助者们就开始大声地说自己需要求助的问题，例如："我想发财""我想和先生更幸福""我想跟我的小孩沟通好"……就这样大声地喊。

我们再来看练习"爱的能力"的人，他们扮演帮助者，就站在外圈，按照顺时针的方向走起来，全程都不允许坐下，整个过程就是一边走一边听。当内圈的求助者大声喊，外圈的人就会听到这些问题，当他感觉自己可以帮助到这位求助者，或是愿意帮他，就过去到求助者面前蹲下来，跟他打个招呼，握一下手，说："我想跟你探讨一下这个问题，我来帮助你！"然后他们就开始探讨。

当我喊"开始"，内圈的人就在我的鼓励下，大声地喊。求助者只要大喊三声自己的问题，基本上眼泪就会流出来。每个人都是这样的。有的人一喊出自己的问题，就有人到他面前去帮助他，耐心地倾听他。他就会体验到自己可以安心地向别人诉说自己的问题的感觉。

外圈的人，也有的人一开始觉得自己能够去爱别人，就扮演帮助者，结果发现其实不是那么回事。有的人去帮助别人，但是他不听人家诉说，自己说了一大堆。还有的人不知所措，不知道要去帮谁。还有一些人在转圈圈，听到这个也帮不了，听到那个也帮不了，很着急。反正各式各样的都有，对人的心理是一场很大的考验。这时内圈的人，一边喊一边流眼泪。等过了十多分钟，我看差不多了，就请大家全部停下来，不要再走动，也不要再说话。这个时候，我就放一首音乐——李宇春的《和你一样》。音乐一响起，大家一听，就一下子全都涌起暖暖的感觉。

通过这个练习爱和被爱的能力的技术体验，每个人都会有自己的感受，有自己的成长。

经营婚姻爱情，需要爱和被爱的能力

在婚姻爱情里面，爱和被爱的能力就像空气一样不可或缺。

有的人爱的能力不够，对另一半的理解、关心和支持少，很少回应甚至不回应对方的需要。家里的气氛用不了多久就会变成冬天一样的寒冷。婚姻里没有了温暖，也就没有了快乐。相处下去的动力也很快会降到零。就算勉强在一起生活下去，孩子在家里感受不到快乐的氛围，就会出现很多问题。有些孩子开始生一些奇怪的病，吸引父母的共同关注，只有这时候才能看到爸爸妈妈是一条心的。有的孩子会开始依赖网络，迷恋游戏，在这些虚拟世界中寻找一些快乐的感觉。

　　有的人被爱的能力不够，为家里忙前忙后，操碎了心，累极了还会抱怨对方。看起来毫无破绽，都是对方的错，都是对方不管家里。总以为对方可以看见自己需要帮助，总以为对方做家里的事是理所应当，当对方没有看见、没有做到时，就会心生怨气。其实，这样的人需要提升的是被爱的能力。当你有了被爱的能力，你就会真诚地信任爱人，会向爱人求助，或者站在一个平等的位置上要求爱人为你、为家做一些事。在这里，真诚和信任是非常关键的态度。人本主义心理学家卡尔·罗杰斯指出，我们在生活中，向别人传达出真诚和信任的态度，对方就会乐意不断向内探索自己，发挥出自己的潜能。我们在和爱人相处时也是一样，当我们真诚地信任爱人，爱人就会愿意去思考自己对家庭的责任感，并且付诸行动。

　　当爱人从你充满信任的表达中，体验到自己对你、对这个家负有责任，行为就会积极起来。他能够感受到你的信任，然后也会更愿意听你表达的内容。当他体验到"给予"的快乐，他在为你、为家做一些事情的时候，也会很投入。如果爱人体验到的是抱怨和指责，他就算有心做点事情，也会被浇灭热情。

　　被爱的能力，不仅包括理解自己的困境，愿意接受别人的帮助，也包括反向的，就是能够理解别人的困境。如果爱人一时没有行动，我们就要关心一下爱人是不是也遇到了一些困难，是不是也需要被我们关注、理解和帮助？就像爱的能力，既包括爱别人的能力，也包括爱自己的能力；同样地，被爱的能力，既包括允许别人来爱自己，也包括允许别人是被爱的。被爱的能力与爱的能力是可以相互转化的。如果爱的能力不够，就会限制被爱的能力。被爱的能力不够，也会限制爱的能力。

一位被纠缠的女孩

有一个名叫小眉的女孩，几年前，她在一家大超市上班。有一天，超市里新来了一位员工小雨。大家发现小雨每天上班时，人虽然在这里，心却不知飞到哪里去了。就算是油瓶在她面前倒了，她都不肯扶一下。更严重的是，每次轮到她收钱的时候就会出差错。超市的员工是要轮流收款的，一旦出了错，所有人都下不了班，要帮忙查，弄得大家都烦她。

一次，小雨又收错钱了。小眉实在忍不住对她说："希望你带个脑子来上班，你这样一直出错，你妈妈辛苦赚的那点钱都不够你赔的！"没想到，她说了这话之后，小雨突然对她异常亲热起来。每天一见面，小雨就姐姐长姐姐短地缠着小眉，有事没事都找她聊天。她说小眉可以帮她转运，自从上次被小眉骂了之后，她就再也没有出过错了。小眉对她说："你做的时间久了，熟练一些，自然就不会再出错了。"可是小雨坚持说小眉可以为她带来好运，一天到晚跟着她。一次，无意中，小眉在小雨面前抱怨工作很辛苦，很想再找个好一点的平台。没想到，小雨马上把这话告诉了经理，小眉只好提前辞职了。后来没多久，小雨也离开了。

小雨开始每天给小眉打电话，深更半夜也打她租住房的电话。小眉不胜其烦。电话里，小雨总是跟她说一些奇奇怪怪的事。比如说，她要去面试，问小眉怎么样准备，该说什么话。小眉觉得这些都还好，都尽量告诉她。后来，小雨又跟她说她前男友的事，说她前男友现在有个同居的女朋友，可是有一天在街上遇见他，他还对着她眨眼，她问小眉这男人是不是还对她有意思。听说他女朋友怀孕了，小雨就想让小眉陪她去跟踪前男友，找到他的住处，她想看看人家的女朋友是不是真的怀孕了。

　　到这时，小眉就觉得小雨有些不对劲，所以不肯陪她去。小雨就一遍遍打小眉的电话，又说她的一个男同事对她有意思，后来又说她有个从澳大利亚回来的男朋友，等等。没过多久，小眉就发现她说的事全都是子虚乌有。一天深夜，小雨忽然打电话说她失恋了，想自杀。小眉吓得不知怎么办好，劝了她一阵，后来她又没自杀。

　　小眉很想躲开小雨，觉得自己真的被她纠缠怕了。小眉多次告诉小雨，不要再打她家的电话，她尽量接手机。后来有一天，小眉鼓足勇气对小雨说："以后不要再打电话给我，就当没有认识我这个人，因为我没有什么能帮得了你。"从那以后，虽然小雨没有再打电话给小眉，但手机上却不断出现一个莫名的骚扰电话，经常一下子打十几次，但是小眉接听时对方却不出声。她猜可能是小雨。后来，这个号码又不断发信息给小眉，弄得她又怕又烦，最后没办法，只好报警。

　　后来，她们中断联系两年了，小眉还是不敢路过小雨租住的房子，依然害怕小雨会来跟踪她。她希望再也不要遇到像小雨这样的人了。

　　小眉和小雨有其相似的地方。每个人都有一个心理空间，里面有情绪、认知、价值观等。如果负面的情绪过多，这个人就会出现紊乱。消极的情绪，会影响着一个人的外部行为。反过来，如果一个人外部的关系一塌糊涂，内部的心理空间也会受到影响。要改善小眉和小雨带有负面情绪的消极认知，需要外部给予接纳和关爱，而不是指责和打击。社会环境，尤其是身边的人给予更多的爱和接纳，才能够帮助到她们。另一个途径，是寻找专业知识。小眉现在需要去看心理咨询师，因为只有自身调整好了，才能够快乐，才能够提升自己解决人际关系问题的能力。

　　这个故事，实际上讲述的是人与人之间在相处过程中体现出来的爱和被爱的能力。我们从爱和被爱的能力角度来看，其实人际关系也能够体现出亲密关系的部分。她们两个人共同的问题，就是爱和被爱的能力都不够。

人与人相处要有边界

　　故事中的小雨属于一种叫作自虐型的人，这种人会穿着"马甲"出去，会采取一些方法吸引你的关注，如果你上当了，你就会跟他纠缠不清。他要找的就是纠缠般的感觉，而不是要和你和谐地做朋友。如果你不是这样的人，你就得自动跟他中断联系。面对这种情况，中断联系，采用"冷处理"的方式就可以了。他打无数遍电话，你都没有任何回应，在手机上把他的号码拉入黑名单就可以了。家里的电话只要接通，他说一句，你就直接把电话挂掉。他在你这里找不到那种纠缠般的感觉，满足不了他的需要，他慢慢地就不会再来骚扰你了。

小眉眼中的小雨，有各种不好，甚至很笨，而小眉竟然还被她纠缠了，竟然还会在小雨不再纠缠她的两年之后，还在为这件事情感到焦虑。

我们要注意到，小眉在和小雨相处的过程中，没有设置任何的边界。边界是人和人之间自我人格的界限，要尊重彼此的独立人格，不要去越界替别人做别人自己去做的事情。即使要做一个真诚、善良、乐于助人的人，也不代表就要去不顾人与人之间的边界，去替别人感受、思考、判断、做决定、做事情，那其实是在侵犯别人，也是在侵犯自己。

设置边界，有助提升爱的能力

像小雨这样的人向你倾诉时，确实没有界限，会乱闯你所有的"禁地"。对于这样的人，不是不可以帮，但如果真的要帮，我们要明白一个事实，这些人往往在成长过程中，和自己的父母之间没有建立起早期的亲密关系，没有获得足够的爱，所以他们没有这种爱的能力，不懂得尊重他人，不会替他人考虑。

我们可以帮助这些人，给他们安慰，给他们支持，但是，我们需要有一个前提条件和设置。我们可以说："我这会儿不方便，我这一个星期都很忙，你在下星期什么时间给我打电话。"到约定的时间，他们如果打电话来，我们就可以去接，并且很明确地说："我只能跟你说半个小时。"时间到了，就结束通话。每一次，我们的态度都很准确、很明确，这些人就会慢慢地形成一种有理智的方式来跟我们相处，这样就可以帮到他们。

自虐型的人在做咨询的时候，咨询师就是这样对待他们的。咨询师可能会说："我们今天的时间到了。你在下一次见我之前，中间这段时间，你是打不了我的电话的，你没有什么急事不要找我。"他们就要忍着，要节制，慢慢地就形成了界限设置。他们有自知之明了，慢慢地就形成了对他人的尊重。在这之后，他们其实就已经开始考虑，不是自己想怎么样就可以怎么样的，就会开始考虑他人了。考虑他人，就是爱的能力的提升。因为，他们能看见别人了，能互动了，不是只顾自己了。

思考自己爱和被爱的能力

爱的能力，包括看见、接纳，也包括尊重、倾听，还要有支持。被爱的能力，需要我们有一颗柔软的心。别人帮我们的时候，要能够真心接受别人的帮助，要放下自我。训练被爱的能力的技术，就是要练习没有分别心。为什么要求助者闭上眼睛？就是让求助者不要区分任何人，谁都可以帮助求助者，谁的帮助求助者都可以接受。为什么要大声喊？求助不是藏藏掩掩的，而是理直气壮地去向别人求助！这种求助的能力，就是被爱的能力。我们要向别人求助，就意味着要放下自我，不要再装了。我们需要帮助，就不再装得很坚强，就允许自己柔弱了，内心也就慢慢生出刚强了。我们越是外表强大，内心就越是软弱。相反，外表很柔弱，内心就会慢慢生出刚强。人就是这样子的。所以，被爱的能力就像水。水是最有力量的，而不是冰块。

这就给我们带来了一些启发，在婚姻爱情关系里，我们还是要提升。很多问题的背后，其实是我们爱或者被爱的能力不够。如果我们接受别人的爱，慢慢地就会丰盈自己，也就有了爱的能力。

在婚姻中，我们要不断去成长，如果在过去的爱情经历里受伤了，感到自己没有爱的能力了，就更得成长得好一点，才有机会遇见更好的人。所以，人人都需要学习爱和被爱的能力。

心理成长体验

在连续两星期的时间里，每天做一件关心自己的事，每天做一件有益于别人的事，并且记录下来。

在第 15 天，写下这两星期的行动带给自己的收获，写下自己爱和被爱的能力的变化，写下给自己带来的启示。

参考文献

1.[美]马丁·塞利格曼.持续的幸福[M].杭州：浙江人民出版社，2012：18-20.

2.[爱尔兰]Alan Carr.积极心理学[M].北京：中国轻工业出

版社，2015：69.

3.[美]卡尔·R.罗杰斯.个人形成论：我的心理治疗观[M].
北京：中国人民大学出版社，2004：31.

第九章

逃避不是通往幸福的路

爱情的美好令人向往，也让人成长。爱情为我们的人生充电，我们也要为经营好爱情而为自己充电。怎样充电呢？在我看来，最关键的一步是培养自信，战胜自卑。自信是爱情中一项很重要的心理资本，为保护我们的爱情和婚姻注入持久的动力。

培养自己的自信

心理学认为，自信通常体现在三个方面，分别是：在认知方面，判断、分析、认识事物时持有比较乐观的估计；在情感方面，始终有一种积极向上的、快乐的心态；在行为方面，愿意做事情，愿意与人来往，喜欢尝试、冒险。

一个自信的人，能够看到自己的能力和优势，相信自己内在有着无限的潜能。一个自信的人，对生活拥有掌控感，即使面对挑战，也仍然愿意去尝试，去勇敢地到达自己的最近发展区。一个自信的人，即使一时受挫，也能够等待时机再次崛起，或是另辟蹊径再创辉煌。一个自信的人，在恋爱中，在婚姻中，都会因这份心理资本而将感情和责任维系下来。

与之相反，一个自卑的人，可能会因为觉得自己不配拥有，而根本无法开始一段恋情，或是即便进入了恋爱和婚姻，也会因对自己没有信心而逃跑。个体心理学之父阿德勒认为，当一个人没有准备好面对某个问题时，当他坚信自己无法解决这个问题时，出现的便是自卑情结。自卑是爱情的黑洞。一段很美好的感情，也可能会因自卑而遗憾终结。

因自卑而逃避，无疑是不负责任的。爱情里没有了责任，没有了承诺，在一方逃跑的瞬间，两个人的亲密和激情顷刻间荡然无存。

因此，我们要培养自己的自信，要战胜自己的自卑。

接纳自己，是自信的开始。

我们看待自己的眼睛里，如果觉得自己哪里不够好，例如，觉得自己长得不够好看，觉得自己很笨，觉得自己很没有前途，觉得自己怎么努力都比不上别人，觉得自己就是配不上对方……那么，很值得去检视一下的是，这个认为自己不好的感受背后，究竟是什么观念在起作用？这个观念来自谁？是否真的合理？有没有推翻的可能？比如，如果认为自己赚钱比较少，无法给对方幸福，因此向对方提出分手。那么，当你通过努力有了能力赚钱后，你会不会后悔分手？为什么不给自己机会再去争取一下呢？有的人可能会说，累了，看不到希望，不如分手。那么，你有没有想办法去解决这个"累"的感受呢？比如去做心理咨询，比如读书上进，找到人生的新出路。

心理资本，是我们内在能够保障自己在为人处世中续航的资本。我们有必要提升对自己续航能力的认知。在感情中，这一刻怕了，想跑了，不代表真的有必要逃跑，因为只要努力就可能会有转机。如果你连努力都不肯付出，那么你也不要指望下一段感情就会轻松起来，在下一段感情中就可以不累，可以不自卑，可以驾驭自如。

所以，先接纳自己，接纳自己认为不好的部分，接纳自己认为不好的这些感觉，然后再来思考自己就真的那么糟糕吗？自己身上就没有优点吗？慢慢地，就可以在自己身上发掘出宝藏。这些宝藏，就很可能助力你通过一些关卡，重新看见自己的力量。

如果这些对你来说还不够，那么，就通过做事情来获得对自我的肯定，这是获得自信的最有力的方法。当我们在一件又一件事情的打磨中看到自己的能力和进步，看到自己潜能的发挥，我们就会从内在肯定自己，而不再依赖于外界的评判。

因自卑而逃避一段爱情，是一种对现实无能为力的主观体验，在这个时候，最需要高度关注自己，不要再继续往下发展这种逃避模式了，要及时叫停，不然自己的心灵有可能也会陷入抑郁情绪，那样就更没有获得幸福的能力了。

给自己找事做，事上练，事上炼，胜过一切逃避、买醉、落寞、遗憾……通过事上练，事上炼，你也会成为爱情和婚姻里的"战神"。

爱情的美好，能否拥有，往往就在这一念之间，就看你能不能把这份对一个人的爱看成自己的一次成长机会。

逃避，让幸福擦肩而过

有一位刘女士，对自己年轻时的一段感情念念不忘。十多年过去了，她早已嫁为人妇，依然常常怀念过往的爱人，心中的遗憾和伤痛一点没有随岁月而淡去。

刘女士在上小学时，一篇《谁是最可爱的人》的课文让她感动不已。她工作以后，一个偶然的机会，看到一篇关于军人们在祖国遥远的地方无怨无悔奉献青春的报道，她年轻的心灵被深深地打动了。怀着对绿色军营中最可爱的人的向往和崇敬，她写了一封信，寄往军营。幸运的是，她的信有了回音。经过几年的通信联络，她跟一位军人聊得很投契，感到两颗年轻的心越走越近。

在一个冬天，这位军人利用回家探亲的时间找到了刘女士的家乡，凭着地址一直找到她家，来看望她。刘女士发现他身上有着一个好男人、优秀军人的全部优点。她享受着两个人初萌芽的爱情，认定他是自己心中最可爱的人。

从那以后，每个节日和生日，她都会收到他从千里以外送来的礼物。熟悉的字体，有时不小心贴倒了的邮票，都成了她最美好的回忆。虽然相隔着千山万水，但他们把对彼此的思念与牵挂都注入每一个字符里。那时，她已经到了城市里打工。打工的日子非常辛苦，但她还是牺牲了所有节假日和休息时间，为他编织厚毛衣。她把对他的思念和爱一针一线地密密地织进毛衣里，仿佛在编织着自己的未来和幸福。

时间一天天过去，他越来越优秀，她却越来越纠结。有一天，他告诉她，他考上军校了。她突然感到前所未有的恐惧。他马上就要成为一名军官了，而她觉得自己只不过是一个普通的打工妹。她觉得自己配不上他，不能耽误他的前程，于是，她写了一封信，告诉他自己已经有了男朋友，生活得很好，祝福他前程远大。

开始，他不相信。他写了一封又一封的信来问她为什么会这样。她告诉他，未来太远，他们的距离也太远，注定是无法在一起的。就这样，她用这种愚蠢的方式选择了离开。望着他渐行渐远的身影，她强忍泪水肝肠寸断。她以为她还年轻，很快就会遇到新的感情，可以洒脱地把过去通通忘掉。可是，她没有想到，从此以后，他成了她心头永远的伤口。

后来，她在别人的介绍下结婚了。婚后的生活远不是她想象的模样。她觉得丈夫游手好闲，每天只是抽烟喝酒，常常不到半夜不回家。她觉得自己和丈夫完全没有共同语言，几次闹离婚到法院，但是他坚决不肯离。她也就一次又一次地容忍。唯一让她安慰的是，自己有了一个聪明可爱的女儿。每天，她拼命工作，希望能给女儿好一点的生活。她感到自己陷在这忙碌的生活和痛苦的婚姻中，越来越煎熬。有一年，她下决心离开家，再次去城市打工，可是丈夫紧随着她带着女儿追到城市。看着幼小的女儿，她的心碎了，只好跟他们一起回到家乡。

她觉得自己的内心只剩下麻木和淡漠。这些年，他一直杳无音信。她只能孤独地回忆着他们曾经的点点滴滴。

告别未完成事件

这些其实都不可怕，最可怕的是，你以为人生再没有第三次选择。

未完成事件，对一个人的影响到底有多大？许多人都不觉得很重要。但实际上，未完成事件对一个人的人生影响是很大的。

每个人在生命旅途中前行，就会发生一些事情。事件发生后就一直会在那里，时间不会因等待事件而停止。时间继续向前，而故事中的女子却停在那个时间不愿离开。时间已经走到另一个空间了，她还没能活在当下。那件事，就是她的未完成事件。你要告别未完成事件，就需要一个仪式，比如在当年发生事件的地方去做告别，或者是清清楚楚地和那位军人说一声再见。可惜这些她当时都没有做，现在也许只能找专业的心理老师来做了。许多人因为没有做仪式而留下未完成事件，就这样在接下来的生活中郁郁寡欢，终其一生。

我有一位学生，对于大学时一段很短暂的初恋感到很遗憾。她在跟我学习绘画艺术心理疗法时，运用连环画的方式画了一整套连环画，要给自己一个交代，把自己当时全部的历程和感受都画出来了。之后，她用微信的方式，把那套连环画送给曾经的初恋男友。正好他过生日，她就说："我送你一份特殊的生日礼物。"他说："我会珍惜这份生日礼物。"现在他们成了很好的朋友，她通过这样一个过程，就把这件事真正地放下了。

过去之所以美好，是因为我们在一起时彼此珍惜。未来之所以幸福快乐，是因为我们敢于活在当下和面对未来。告别过去，才是真正的珍惜，让我们的心理和现实的时间与空间都在一个点上，才能真正获得幸福。

先说再见的人

刘女士为什么会逃避？在两性关系中，什么样的人格会选择逃避？我们会看到，在生活中，在火车站送人时，你会发现有的人明明是去送别人的，要等到别人走了，火车开动了，他才要离开，但是他做不到，他不能让别人先走。所以，他刚刚跟别人挥过手了，说再见了，火车还没开走，他就已经转身跑了。这种人，我们称为"先说再见的人"。在亲密关系中，就有这样的人。

我们在做婚姻辅导的时候，也会看到有这样的人。我记得很久以前接过一个案例。一个女孩子，她每次谈的男朋友都谈得不错，都是相处到了谈婚论嫁的时候。但是，接下来，只要相处中有一丝风吹草动，发生一点小事情，她就会选择跟男朋友分手，先说再见。连续三次恋爱都是这样，这实际上是一种自虐型的行为。自虐型的行为是什么？就是认为自己不够好，不应该获得这个，所以要破坏掉。那么，用什么方式破坏？就是不让自己过得好。这个女孩的行为就是这样的。

我们不能说刘女士就是自虐型人格，但至少可以看到，在她的个性里的自卑，觉得自己不配和他在一起。所以，往往先说再见的人，一看到风吹草动，就会理解为是不安全的，就会逃避。她的男朋友给了她一种可能不安全的信号，所以她选择离开。那么真正的爱的能力是怎样的？它包含了照顾别人的心情，就是保护别人的自尊。可惜当时的这位兵哥哥不知道，他可能也根本都没办法做到这一点。如果他知道，他至少会向她表达，会安慰她，会告诉她：

"无论怎样，我都不会嫌弃你。我爱你，不是因为你和我的地位，而是因为你在我心中是最美丽的。"他连这一层面都没有表达，就说明他根本不知道是怎么回事，所以这是很可惜的。

刘女士在这过程中，既没有选择让对方知道自己的心情，让对方有机会去帮助她，也没有选择自己很奋力地去追去争取，就自己放弃了。

所以，逃避的背后就是自卑。有的人在自卑背后还带着一点自虐型的人格特质，在很多情感关系里都会有这种现象。有一首歌叫《漂洋过海来看你》，因为每个人都渴望追求心里的理想爱人。可是故事中的刘女士没有去追求，逃避不是通往幸福的路。

珍惜过往，珍惜现在

刘女士的第二次逃避，也值得我们探讨一下。如果说，她第一次逃避，结束了那段感情，就把那一份美好当成是上天给她的恩赐，就把它包裹在自己的内心深处，变成生命的礼物，然后过好现在的日子，不受它影响，这样也未尝不可。但这些要靠珍惜，如果没有珍惜的能力，过去的好事就变坏事了。而刘女士正缺少一份珍惜的能力。

刘女士没有以珍惜的心态去对待那份过往的感情。现实生活中，她经由别人介绍结了婚，可是婚后，她又对婚姻不满，自怨自艾，对前段感情始终放不下，不面对现实，不踏实地过日子，这就是第二次逃避。刘女士没有和命运和解，更谈不上微笑，这就有点可悲了。其实她已经比别人幸福很多了，她没有发现。很多人就是想追求这样刻骨铭心的爱情，但是遇不到，她有过这样的经历，就已经是赚到了。

刘女士应该知足，她曾经有过这么一段让人终生难忘的情感，这不是那么容易遇见的，她应该去珍惜。如今，好好地和这段美好的经历道别，就是最好的珍惜。

生活中，也有的人在"先说再见"之后，虽然非常痛苦，但是后来也会走出来。他们在分手的当下，觉得可能再也不会有这么美好的爱情经历了。而当走过之后，真诚地面对和处理自己的自卑，渐渐成长为更好的自己以后，却发现自己活得更精彩了，并且相信自己会遇见更美好的爱情。

爱情让我们成长

爱情，都是在产生的时候，你遇见了和你有相似人格的人，遇到了另一个闪光的自己。荣格提出，每一个男性化男人的内心深处都有一个女性化的配对，叫作女性原始意象；每一个女性化的女人内心深处都有一个男性化的自我，叫作男性原始意象。其基本功能就是引导人们去选择一位恋爱对象。我们在寻找爱侣的时候，就会把我们的女性原始意象或男性原始意象投射到对方身上。这可能是产生爱情的根本原因。我们今天来看王阳明先生说的"自供自足"，有的人成长到一定程度，就可以实现自供自足，就能够超越孤独的焦虑。恋爱就是一次成长，在对方身上照见了一个更好的自己。

　　本书在开篇的时候谈到了爱情的三个类型。第一种是经济型，两个人合作，一起为了生存、繁衍和发展而合作；第二种是幸福型，两个人开始更多地拥有爱的体验，彼此尊重、理解、体贴、支持，在关系中能够感受到幸福、快乐和满足；更高一层，就是成长型，与一个更闪光的自己相遇，与一个更好的自己相遇，就是一份能够帮助自己成长的爱情。

　　故事中的刘女士值得祝贺，因为她遇到了一个更加闪光的自己。看起来，兵哥哥是客体，是一个重要的男性客体，实际上，这是她人格的一部分。两个相爱的人，往往他们的人格至少有三分之一是非常相似的。正所谓不是冤家不聚头，这个"冤家"，这份"缠绵"，都说明你遇到了一个更好的自己。也有很多人会遇到一个不够好的自己，这被荣格称为"阴影"，是自我中消极的一面，是人格的阴暗面。然后，两个人之间就会产生恩恩怨怨，滚滚红尘。痴男怨女，就这样产生了。

　　有时候，你在别人身上看到了闪光的自己，人家不一定从你身上也能看到。这时候你可能需要主动去追求，即便追求不到，也可以借助对方去感受这个更加闪光的自己，而不必打扰对方。

　　祝愿所有在爱情中的人都能看到对方身上有闪光的自己。如果看不到，那么，你就去找，就去好好发掘，一定可以挖出宝贝来！

心理成长体验

静下心来，写出自己的三个优点，并写出每一个优点背后的故事。写完之后，分享给你信任的一个人或一些人看一看。

参考文献

1.彭凯平.吾心可鉴：澎湃的福流 [M].北京：清华大学出版社，2016：171-172.

2.韦志中.幸福干预：一生受用的 26 堂幸福课 [M].北京：清华大学出版社，2013：99-100.

3.[奥]阿尔弗雷德·阿德勒.自卑与超越 [M].北京：中国妇女出版社，2017：36.

4.[美]Jerry M.Burger.人格心理学（第八版）[M].北京：中国轻工业出版社，2015：107-108.

第十章

渐渐消失的爱情仪式

　　仪式，是我们随时都可能需要做的事情，我们可能随时面临转换新的角色、新的身份的需要。一个新的自我，要做的事情，要承担的角色使命，要拥有的人际关系，要呈现的价值与意义，都是需要仪式来帮助完成的。不然，我们身体在一个新的地方，而心理上还停留在原地。那么，我们就无法进入新角色，内在也就无法形成充分的动机来呈现新角色应有的状态。无论是情感、情绪，还是认知、思维，乃至行动，都无法到位。

　　仪式包括外在仪式和内在仪式。外在仪式是将意义和理念，由外而内地传达，最终真正进入我们的内心，成为我们真正认同的信念。内在仪式是在内心完成的角色、意义、价值的转换。仪式最关键的，就是心理转换的过程。

　　从人生发展的视角来看，我们从出生到与这个世界告别，这过程中每一个关键的节点，都应有一个很好的过渡，以完成我们的角色调换。在传统文化中，小孩子出生了，我们要对他做欢迎仪式。小孩子长大了，他要参加成人礼。亲人离去了，通过发丧送殡相关的仪式，就阴阳两隔了。这些都是我们人生中角色、身份转变时需要进行的仪式。

爱情仪式，是人们心理的需要

　　我们在这里主要谈爱情中的仪式。那么，爱情中的仪式都有哪些?

两个人确立恋爱关系，初尝爱情的甜蜜，彼此决定爱对方，通过在心理上完成仪式，关系就会在彼此心中稳固下来。

两个人感情升华到每一个新阶段，都是值得纪念的。而在此时，两个人对于彼此感情程度的认知，对于彼此亲密、激情和承诺的程度的认知，都可以通过言语交流或者进行一些浪漫的纪念方式，以在心理上完成确认。这样更利于两个人关系的长久发展。

陪伴对方度过人生的一些节点，例如生日、职场进步、事业发展、战胜挫折、学习成长……都需要仪式。例如一起吃一顿美餐来庆祝、一起制作一件纪念物品等。这时候，仪式是陪伴，是见证，更是心理成长的重要过程。

订婚、结婚，都是需要仪式的，这是一个甜美又庄严的过程。对于婚姻，中国自古崇尚礼法，主张婚姻既要合法，又要合礼。在古代，一桩符合礼仪的婚姻，通常要经历纳采、问名、纳吉、纳征、请期、亲迎六礼，才宣告完成。在今天，即便结婚履行了法律程序，民众也依然主张要举办结婚仪式。我国有许多的民族和地区，形成了丰富多彩的婚俗文化。在现代结婚仪式中，人们表现出的生活策略和生存智慧都是不容忽视的。结婚仪式是夫妻俩向熟人社会圈宣告婚姻的成立，源自血缘、姻缘、地缘、业缘以及其他关系的社会成员的参与和婚宴祝贺，以满座宾朋为证人，让结婚仪式具有自然的公开性，获得大家的认可，从而具有行为的正当性，婚姻当事人在道义上也受其监督。结婚礼仪象征着礼教秩序，通过一定的物品、动作、语言和程序让婚姻当事人及其宾朋感知。婚姻当事人在礼仪中被文"化"，接受共同的价值观念，让新家庭作为共同体的利益得到彰显，个人从属于新家庭的观念被强调，个人也就实现了心理上的过渡，成为新家庭的主人。

中国有很多婚俗文化一直沿用至今，助力人们完成心理上的过渡，例如：上轿、下轿，寓意从娘家到婆家了；拜天地，拜高堂，代表正式进入婆家了；在新婚的床上放置红枣、花生、桂圆、瓜子，寓意早生贵子……

除了上轿、下轿的过程，在现代结婚仪式中，很多新人们还会在酒店举行一场郑重的婚礼，宴请重要的亲友、同事、邻居们到场见证，由司仪主持。司仪在这过程中，会向现场来宾介绍这对新人相识、相恋的历程；会请新娘的父亲亲自把新娘交托给新郎；会邀请两位新人讲述彼此的心路历程、回忆彼此相处的点滴；会为他们主持郑重的结婚宣誓、交换戒指、喝交杯酒等环节；会请双方家长、领导表达对新人的祝愿和期许；甚至还会问新郎关于新娘的各种问题，也问新娘关于新郎的各种问题，看看他们能不能答对，以渲染气氛，通常都会以彰显新人之间的甜蜜度为目的。到场的亲友、同事还会表演节目，尽情表达对新人们的祝福。通过这些过程，新人们就完成了心理上的过渡。这桩婚姻也被熟人圈承认并且祝福。

分手也需要告别仪式。有告别，才可以好好地结束，才可以顺利回到单身的生活，才可以在今后的恋爱婚姻中，不再有从前的影子挥之不去。有的朋友被动分手，没有告别仪式。在这种情况下，也要自己在内心做一个仪式去向过去告别，才能重新开始自己的新生活。我们看到电影《非诚勿扰》里就有离婚典礼，这就是告别仪式。其实，如今社会中人们向过去告别，向一些关系告别，都需要仪式。名不正则言不顺，没有仪式是不行的。

尽管仪式在爱情中自始至终都发挥着重要的心理过渡作用，然而，在当今社会，我们能够观察到，随着大量年轻人涌向一二线城市工作和生活，有很多人渐渐不再注重爱情中的仪式，在结婚时也追求婚礼的简化。那么，在这种情况下，我们又该怎样做呢？

一场不幸的婚姻

有一位名叫小容的年轻女子，她在写信来咨询时，说自己个子高挑，身材苗条，直发披肩，长相秀丽，性格开朗，走在大街上，就像模特儿一样会吸引很多目光。她说有不少人追她，有一位房地产老板，说愿意给她一套房子；还有一位律师，无论是学识、人品、外貌和收入都很不错，坚持给她送花；追她的还有其他一些既有地位又有财富的人。然而，她实际上已经结婚了，儿子都三岁了。但她对外一直隐瞒自己已婚。她说目前的婚姻生活让她没有半点幸福感。她不知道该怎么办才好。

小容说自己很多时候都后悔当初的选择。在领证之前，她就有过想分开的念头。她想等小孩再大一些，如果和丈夫的关系没什么进展的话，就选择离婚。她说，自己当初被爱情冲昏了头脑，不然还可以有更多更好的选择。

　　她中专毕业后就开始出来打工，和现在的丈夫是在参加一次朋友聚会时认识的。他是她一个朋友的同事，在一家公司做业务经理，工作业绩很不错。认识没多久，他就经常请她和她的朋友、同事去唱歌，一次就花上千块，表现十分大方。渐渐地，他们开始单独约会。男友是家里的长子，他还有两个弟弟。母亲在他们很小的时候就去世了，父亲是个游手好闲的人，养家的重担就落在他一个人身上。还好他运气不错，遇到一个不错的老板，那时钱也比较好赚，工作没两年，就有足够的钱在老家盖了房。可能因为他的家庭背景，他表现比较自傲，身边几乎没有好朋友，他自己的事也从不跟别人说。而且他对父亲和爷爷奶奶很孝顺。当她了解到这些，她觉得男友很可怜，对他的为人很认可，一心一意决定跟他在一起。

　　当时，她在想跟他一起努力照顾好他现在的家，再过两年等他的弟弟们毕业工作之后，也能建立一个属于他们的幸福之家。他们确定关系两个月时，男友改行要去深圳开店做生意。他到深圳创业，她也支持，觉得趁年轻哪怕辛苦一点，为了以后能过得好些也不怕。周末放假，她去深圳看他，一家十多平方米的店面，阁楼就当卧室，里面除了一张席梦思以外，什么都没有。男友希望她也能过来一起看店，她答应了。年底，她把工作辞掉，就去了深圳。

　　小容没想到，到深圳刚刚三个月，她就怀孕了。男友希望她把孩子打掉。但她很想留下和他的第一个爱情结晶，坚持要把孩子留下来。男友生气地说了一句："你想生就生！"转身就下楼去了。

但是，第二天，男友就告诉她，已经给家里打过电话了，准备这两天带她回去见长辈，也让她跟家里人说说，也跟她回家见见她父母，把婚事定下来。

小容的父母对这个男孩子并不十分满意。但男友表现挺勤快，对两位长辈也很尊敬。她跟父母说了很多他的好话，最后父母同意了他们的婚事。她跟父母商量，因为男友在创业初期，经济状况不允许大办婚礼，先简单请朋友吃个饭意思一下，以后再补办。虽然父母不是很高兴，但还是无奈同意了。

结婚是在男方家。那天，他们就在深圳请了她的几个同学和他的几个朋友，合起来也还没到两桌。婚纱和婚戒都是她自己去买的，钱也是她出的。小容很希望有一组婚纱照，哪怕简单的几张也好。可是无论她怎么说，丈夫都不肯拍。结婚当天，她很心寒。席间，丈夫一直跟其他人寒暄喝酒，跟她连一个眼神交流都没有。吃完饭，大家一起去唱歌的时候，她还没上车，丈夫也没发现，最后是她同学发现才把车停下来等她。当时她已经怀孕几个月了，特意走得慢一点，她很希望得到丈夫的关心和照顾。丈夫的表现让她伤心透了。她装作什么事都没有，高高兴兴地和大家一起唱歌，直到送走所有的人。回到小阁楼，她什么都没说，一个人默默流泪。

第二天，他醒来看见她坐在窗边，走过来亲吻了一下她的额头，问："老婆怎么啦？"话语中，她感觉到他的关爱。她的心一下子酸了，顿时再次无奈地原谅了他。她摇摇头，回答道："没事，我只是想安静一下。"丈夫似乎没有发现什么，就下楼干活去了。

小容快生孩子时，回到了丈夫的老家。对于村子里出现一位陌生的孕妇，乡亲们都感到很好奇。儿子出生后，小容在丈夫家坐完月子，又生活了三个多月，身体恢复得差不多了，就带儿子回了深圳。

回到深圳之后，小容主要带孩子，丈夫忙生意。他经常忙到很晚才回来，回来也不怎么和她说话。渐渐地，他们之间似乎已经没有什么话题可聊了。

日子就这样一天天过去了。如今，小容感到自己和丈夫的感情真的很有问题。他们都还是二十多岁，但夫妻生活很少，一个月就一两次。在同房的过程中，她觉得他简直就像例行公事一样，草草了事就睡觉去了。她试图和丈夫沟通，想采取一些办法增加一点激情，但没用。快三年了，小容觉得自己受够了。她想再过两年，等儿子长大一点，就离婚，到时候哪怕一个人过，也不后悔。

结婚仪式，重在完成心理转换

我们能够看到，在这场婚姻里，小容始终都没有真正地享受到作为妻子的角色的对待。

结婚仪式，对于角色转换来说是非常重要的。结婚仪式一定得让女性有切切实实的感觉，感觉到自己现在进入了一个新的家庭，开启了全新的生活，是人家的媳妇了，要为人妻、为人母了。在婚姻解体的影响因素中，有未婚先孕，有早恋，有早早地结婚了还没有举行结婚仪式。所以，结婚仪式很重要。

小容的角色就没有实现转换。她在信中一开始就先详细地描述了一番自己的外貌特征，我们也能够接受女孩子的这种虚荣心。但是她的问题在于，她没有把自己当成人家的妻子，就是因为她在心理上缺了仪式。这就是仪式的重要性。她的情况是属于隐婚的一种，她不告诉别人她已经结婚，就给自己的幸福人生留下好多隐患。显然，她又对自己没有足够的信心，还是一种对人生不负责任的态度。

我们在结婚之前是个孩子，在结婚之后就成了一个家庭的主人，就要有责任感了，这就需要通过仪式来完成。作为丈夫，就要带着妻子回家见自己的父母，见所有的亲戚。同样地，他也要到女方家里，见女方所有的亲戚，所有的仪式都要完成。小容的丈夫草草地摆了两桌酒，在酒席中没有和新娘彼此郑重告白、宣誓，后来去唱歌时还差点把新娘弄丢，这就太儿戏了。

有的人结婚，虽然也不大操大办地举行婚礼，但是新娘一旦到了夫家以后，男方的父母在与她的互动中，会让媳妇觉得嫁到家里来了。只要能感受到这个角色的转变，就成功了。仪式的目的，就是为了让夫妻双方在心理上感受到角色的转变。

有的朋友裸婚，但是婚后相处得很好。这种情况，就是两个人在心理上已经完成了仪式。他们已经彼此郑重约定了。女方明白自己要嫁给这个男人，并且很清楚两个人为什么不举办婚礼、不买戒指、不拍婚纱照。两个人对未来的婚姻生活，已经做好了心理准备，角色自动就转变了。所以，最重要的就是心理上的仪式。

在仪式中，完成心理成长

结婚前，很多女孩子都是被照顾被疼爱的，结婚之后，就需要完成内心的成长，因为她们要开始经营一个家庭了。小容实际上并没有做好准备，而且她也不愿意。结婚之后，家是妻子的阵地，丈夫和孩子，都是妻子要关心照顾的对象。小容就没有占领阵地，她觉得那块阵地不是她的。所以，小容需要完成一个走进新家庭的心理仪式，看到自己的阵地，也看到自己的责任，然后去享受作为妻子的角色。

小容需要和丈夫一起，做一个郑重的彼此确认："你是我的丈夫，我是你的妻子。我们是一家人了。无论生老病死，我都会在你身边，对你不离不弃。"他们还可以进行一场"迟来"的蜜月旅行，手牵手去郑重地补拍一次婚纱照，重新举办一场具有上轿下轿、宣誓告白等关键环节的婚礼，通过这些方式，来帮助完成这项仪式。

小容在性格上有不完善的部分。她不定性、不懂事，但在这背后，是她性格里的虚荣心。人家对她一夸，对她一哄，她就觉得自己了不起了，但是，她自己一直没有学习和成长，内涵不够。她以为自己是灰姑娘，可以遇到王子，结果就是没遇到。

　　从她的故事中，能够感受到她的不甘心。她根本的问题是在于她现在还不能告诉人家她结婚了，她想再观察两年看看，不行就离婚。她抱着这种态度，那么对待婚姻就是放任自流、听天由命，就看她丈夫如何发展了。如果丈夫这两年发达了，她可能自己慢慢收心了。如果这两年发生意外，她可能就离婚了。

心理成长体验

　　想一想自己在爱情中、在婚姻中，还有哪些未完成的心理过渡？通过一个心理仪式，来完成它。

　　请在一张 A4 纸上画 一条河流，在河流上取一个节点，代表一项你未完成的心理过渡。如果有多项未完成的心理过渡，就给每一项画一个节点。在每个节点旁边，画上那时的自己，然后在旁边写一首小诗送给自己。（如果一张 A4 纸不够，可以拿新的 A4 纸继续拼接往下画。）

　　然后，继续画河流，让河流继续流淌。画完之后，在这段新的河流上，写上五句话或者五个关键词送给自己。

　　写好之后，欣赏自己的整幅画，和画上的文字，看一看自己有什么新发现或者新启发。

参考文献

1. 韦志中. 幸福干预：一生受用的 26 堂幸福课 [M]. 北京：清

华大学出版社，2013：27-30.

　　2.金眉．事实婚姻考察：兼论结婚仪式的现代法律价值 [J].
华东政法大学学报，2011，14(1)：146-152.

第十一章

破解家庭暴力

家庭暴力源自对生命的无力感。看似是施暴者，其实内在有着这样那样的无力。而破解家庭暴力，需要的力量就是健康的生命力。健康的生命力，包括独立的人格，包括爱和被爱的能力，也包括自信、希望、乐观、坚韧四个维度上的心理资本。

施暴者的无力

家庭暴力，无论在世界范围，还是在我国，比例都是相当高的。据全国妇联调查，家庭暴力在我国的家庭中约占 30% 的比例。家庭暴力包括身体上的殴打残害、进行威胁强迫、恐吓、情感虐待、孤立、推脱罪责、利用孩子让伴侣内疚、经济虐待等。其中施暴者 90% 是男性，也有少数女人打男人的情况。

当一个人面临危机，又找不到解决的办法时，就会产生无力感。这些危机可能是身体上的危机，例如生存、繁衍和发展的需要遇到威胁；可能是心理上的危机，自尊的需要、爱和归属的需要没有被满足，例如尊严受到践踏、遭遇不公正的对待、对人际关系没有办法等。这些无力感如果不能得到疏解，就会渐渐转化为一股持久的负能量。

有的人会因这股力量产生自我攻击，对自己的身体直接进行伤害，或是产生身体上的疾病，产生心理上、精神上的问题。有的人会把这股负能量迁怒到别人身上，尤其是爱人和孩子身上，进行替代性攻击，或对其身体进行殴打侮辱，或对其精神进行折磨。施暴者已经暂时没有力量去爱别人了，只有把怒火发出去，才能获得一点平静，恢复一点良知，然后通过对被施暴者道歉以重新找回对关系的安全感。然而，等其下一次再感受到深深的无力时，随着无力感的升级，暴力行为也会进一步升级。有的家庭暴力就是在这种情况下产生并且反复发作、不断升级的。

还有一些家庭暴力源于人格上的障碍，例如边缘型人格障碍、反社会型人格障碍等。人格障碍个体通常难以控制情绪，其暴力行为通常非常冲动，具有高度的攻击性，后果严重，而施暴者完全无法控制自己。这些人格障碍类型的个体，其实并不适合结婚。

值得关注的是，校园暴力也与家庭暴力有　定的关系。一个有着或轻或重的暴力言行的家庭，孩子也有很高的倾向会形成暴力言行。

破解家暴的心理工作着力点

对于人格障碍导致的家庭暴力，彼此分开是最好的选择。对于被施暴者，需要帮助其建立离婚的心理资本，从自信、希望、乐观、韧性四个维度上进行培育。

对于还没到人格障碍那种严重程度的家庭暴力，是可以运用心理学来改善的。无论是施暴者，还是被施暴者，都需要接受心理辅导。这方面心理工作的着力点在于：运用文化心理动力再塑人格，通过人格再成长，重新培育爱和被爱的能力，重建心理资本；同时，帮助其形成自我觉察、自我成长的习惯，重新建构家庭文化和个体自我的心理文化，提升认知水平，提升思维品质，以形成更具适应性的心理能力。

健康的生命力养成，需要在人格再成长方面着力下功夫。人格是毕生发展的。当人格发展至较为成熟的阶段，就会对人生有更为独立的思考能力，不易被眼前的障碍所困住，不会因别人的否定而否定自己，会很有勇气，会有力量想出更多的办法解决困局，拥有更多的创造性。

在人格形成与发展的过程中，有的人会形成一些创伤，导致心理能量阻滞，就好像一部机器的一个零件出问题了，不仅不能顺利发挥作用，还会影响整个系统的运作。因此，疗愈旧的创伤，通过重建心理事实来改写心理体验，形成更具建设性的认知，形成积极的情绪和情感，可以让人格获得再成长，让被阻滞的心理能量重新得到释放，进而形成爱和被爱的能力，形成自信、希望、乐观和韧性等心理资本。

健康的生命力有一个巨大的培育空间，那就是文化。人格是在文化背景中形成的，人类的文化、国家民族的文化、地域的文化、家庭的文化，都对人格的形成发挥作用。因此，可以借助文化符号来投射出内在创伤，然后重建心理事实，改写心理体验；可以借助文化中的积极心理动力，来撤销成长过程中的一些不良体验，唤醒内在的积极心理品质，重新建构更为积极的家庭文化氛围，重新建构每个个体自身的积极的心理文化。

我们可以运用积极婚姻家庭治疗的视角，帮助家庭在家庭文化塑造、家庭积极品质提升、亲密关系平衡、家庭未来展望四个层面开展工作。其中，家庭文化塑造的工作，主要包括终止不良"遗传"、完结心理仪式、树立核心价值观、维护良好动力；家庭积极品质提升的工作，主要围绕宽容、尊重、进取、创新；亲密关系平衡的工作，主要围绕积极语言、积极行动、积极倾听、积极表达；家庭未来展望的工作，主要包括积累财富、树立理想、传承美德、走向"大我"。具体可根据每个家庭情况的不同，来选择不同的侧重点开展工作。

打个比方，培育健康的生命力来破解家庭暴力，就像在山石间种树，就像在崖壁上种满爬山虎。用积极的生命动力，将心灵的顽石转化为独特的风景，让心灵由无力转变为有力，转变为自由，转变为韧性，转变为希望，转变为爱和被爱，转变为智慧、勇气和力量。我们可以称之为"植树思维"。

面对家庭暴力，请不要默默忍受

有一位高女士，在她22岁时，交往了一位笔友。这位笔友当兵，比她大3岁。通信一年后，他们见了面。高女士当时对这位笔友感觉一般，她父母也不太同意他们交往。但是高女士听说笔友从小家里很穷，受了很多苦，总觉得自己应该帮他分担生活的重压，于是，坚持和他在一起。

在高女士24岁时，父母送她去男友部队所在的城市结婚。男友给了她几百块钱，单纯的高女士仅花了几十元买了件衣服，其他的钱都还给了男友。他们匆匆准备婚礼，想不到就在结婚的前一天，男友突然沉着脸不理她了。开始，高女士不明白为什么，后来终于搞清楚了，原来，他觉得高女士家里没准备嫁妆。其实，高女士父母给她买了许多东西，只不过都放在老家没带来。高女士妈妈马上带她上街买了整套的床上用品，他们才匆匆把婚结了。

当时，他们只是举行了简单的婚礼，还没有登记。第二天，丈夫一整天沉着脸，怎么问也不说为什么，动不动就发火。后来，高女士终于弄明白了，原来，丈夫见她新婚当夜没见红，怀疑她不是处女。真是天大的冤枉！可是，无论高女士怎么解释，他都不相信。高女士一气之下对丈夫说不登记了。

过了两天，丈夫突然又说："还是去登记吧。"高女士想，亲友同事都知道她是来结婚的，如果没结成，多丢面子啊。于是，她还是去登了记。

婚后，高女士发现丈夫有事都闷在心里，对她非常冷漠。每年高女士去探亲时，都会给丈夫买很多东西。可是丈夫回家时，却什么都不会给高女士买。可是，丈夫对他的兄弟姐妹们却是无微不至地关心，对朋友也很好。他的弟弟妹妹来他们家时，都和高女士相处得很好。高女士从他弟弟妹妹口中得知，他经常寄钱给家里，而这些他从来不对她说。他弟弟妹妹来做客时，很热心地要帮嫂子做饭，但丈夫见此情景便会脸一沉，抱怨高女士没有招待好他的弟弟妹妹。

高女士是在婚后第四年怀的孩子。在这之前，丈夫一直以要照顾弟弟妹妹为理由，说暂时不能要孩子。高女士怀孕反应非常大，吃什么吐什么。亲友邻居们都建议她去吊点葡萄糖。当时，正好丈夫的姐姐身体不舒服。高女士对丈夫说，明天带姐姐去医院时，把她也一起带过去吊针。他答应了。可是，第二天一大早，他只带着姐姐去了医院，根本没叫她。高女士伤心欲绝。

尽管高女士又是怀孕又是生子，但丈夫一直对她不管不问。后来高女士一个人没有办法，就回娘家住了几年。开始，丈夫还说要给儿子生活费，高女士的父母客气说不用了，都是一家人。当时高女士的工资比丈夫高，于是他从此就没给过她钱。就算是后来，丈夫工资比她高了，也没再给过她一分钱。

后来，丈夫转业到地方单位。他们天天住在一起了，但是矛盾也越来越多。丈夫动不动就沉着脸，十天半个月不理她。每次都是高女士受不了了，主动找他说话。有一次，高女士买了件漂亮衣服，问丈夫好看吗，他说："好什么好？"高女士看到丈夫说这句话时一脸愤怒的样子，她觉得很惊愕，现在很多女人不都喜欢这样穿嘛。

一次，高女士无意中看到丈夫写的日记，他形容她人品很差、爱钱如命、斤斤计较。那一刻，高女士感觉自己的心伤透了。她有时会想，是不是新婚当夜没有见红，导致了丈夫始终不能相信自己，以至于这一辈子都不能幸福；有时又会想，是不是在部队那些年，给丈夫送生活用品时有哪里没有考虑到，买得不够齐全；有时还会琢磨一下丈夫是不是在外边有喜欢的人了，只是不肯说，但似乎又没有。

逢年过节，丈夫总是自己回父母家，不去岳父岳母家，也不让高女士回婆家。

高女士觉得自己的婚姻冰冷极了，她也难受极了。在外人面前，他们是恩爱夫妻。可高女士心里的苦，只有自己知道。她也不知道自己是怎么忍受过来的，就这样忍着忍着，二十多年就过去了。

为什么结婚？高女士找到了理由。为什么这么痛苦还会继续下去呢？高女士也有足够的理由。为什么高女士今天会很难受，更有说不完的理由，而且，每一个理由都是那么合理，都是当时必须这样选择的，不然就会有不好的结果。

我们可以很清楚地看到，这是一个典型的自作自受的故事。每一个十字路口，高女士都看似没有选择，或者是被动选择，其实都是自己的选择。

我们选择了要面子，而不是爱情，幸福自然就和我们无缘了。马克思说："没有爱情的婚姻是不道德的。"高女士自己选择走进了一段没有爱情的婚姻，然后用二十多年的时间来练习如何忍受，以及如何去适应。什么是命运？命运在她这里就是不断地重复自己的行为，然后一边抱怨，一边接受着现实的结果。你觉得自己应该得到爱而没有得到，只要在夜深人静时问一问自己："我爱我自己吗？"

有这样一个故事。两个人恋爱多年，终于去领证结婚了。从民政局出来之后，丈夫没有陪妻子一起走，而是自己走在前面，还买了饮料自己喝，而且只买了一杯。然后，妻子越走越慢，丈夫也没发现。妻子实在受不了了，就跟丈夫说："我们离婚吧。"他们从登记结婚到离婚，就在这短短的瞬间，这位女士就想清楚了。而有的人，从这时候起就开始妥协了。

我们开"心旅伴"旅行团的时候，会有爱情旅行团。很多情侣、夫妻跟着一个团七天下来，就知道要不要跟这个人过一辈子了。因为在旅行生活中，这个人的很多生活习惯、价值观、与人相处的态度和能力等就完完全全表现出来了。他是不是你要找的男人，她是不是你要找的女人，一下子就非常清楚了。

低自尊的人，以攻击索求爱

低自尊的家庭，是在一个群体中地位不是很高的家庭。在这样的家庭中成长的小孩，渴望获得爱，但不会用爱的方式来表达自己的诉求。身边最亲密的人，一般是他们伤害的对象。

他们会用攻击、逃避的行为来表达自己的需要，以及内心的不满。他们一般都会敏感、多疑，甚至神经质，但是又聪明、勤快，且富有正义感。比如，高女士的丈夫说他老婆穿得不端庄，可在他妻子看来自己并没有很过分的行为，在他看来却是那么的自私和糟糕。这说明他的正义感甚至超过了正常的范围。

对外人好过对自己人，因为他强烈地需要自尊。谁满足他的自尊，谁就是他会爱的人。什么事情可以满足自尊，他就会做什么。对自己家人好，表现出不在乎妻子，都可以让他觉得很有自尊。恋爱的时候，我们就要知道对方心理方面的修养，知道他是怎样的个性，以他的个性会有哪些行为，这些行为是他自己的，还是针对我的。有了解，才有理解，亲密关系才会甜蜜。

可是，你们从一开始，就相互不了解，或者说还没有来得及了解的时候，就开始互相伤害了。然后，就这样一直恶性循环，在以后的岁月里，就是一个字——"忌"，就是内心只有自己的感受。和内心只有自己的感受的人在一起相处，爱的关系就很难和谐了。更何况，你所面对的是一个小孩。小孩一直需要爱，无论他多大年龄，内心都是永远需要爱的。

可是你心里的苦，只有你自己知道。

这个故事中呈现的家庭暴力，实际上是一种冷暴力。婚姻中最怕的就是这样，伤你的心、冷落你。在他们的婚姻里，高女士还曾自己跑到娘家住了几年。

今天一切的结果，都是高女士自己选择的结果，这首先是自作自受。其次，她的丈夫实际上就是一个典型的没有爱的能力的人。但是，她并不懂这些。他是她的丈夫，她其实是可以争取他的爱的。因为，有一些爱，需要她自己去表达出来、去争取过来。既然选择了他，那他一定有好的一面。而他不好的一面，就是她要和他共同去面对的。

其实，婚姻就像买一台机器回来。你用了它的功能，就得承受它那些不好的方面，比如噪声，因为你要用这个机器。那么，人也一样。你肯定是看到他的优点，如果一点优点都看不到，肯定是不可能和他在一起的，也不可能继续下去。那么，你就需要去帮助他完成这个他需要完成的部分。这位丈夫需要完成的部分是什么？他为什么唯独对妻子这么不好？

我们并不知道高女士丈夫的父母亲之间的关系。如果他的父亲一辈子都不在乎他的母亲，那么现在，他就正在重复着他父亲的历程。这就是一种家庭文化遗传。因为家庭暴力往往是具有文化遗传性的。孩子目睹了父亲对自己的母亲使用暴力，他在长大之后往往也会对自己的妻子使用暴力。

家庭暴力里的"迁怒"

其实，男人打老婆，是一种无奈之举，是气急败坏，是迁怒。迁怒是指把愤怒宣泄到不相干的人身上，使别人无辜受牵连。他自己无能，在面对困境的时候，面对外部的阻力的时候，他搞不定，就会迁怒。他把一腔火气都发泄到妻子身上。而家庭暴力，并不是文化素质低的男人就一定会打老婆，有些文化素质很高的人更可怕。所以，不要只看一个人的外表。有的人看起来非常好，没有任何缺点，但这样的人是很值得警惕的。

大家要合理地理解"迁怒"。迁怒比愤怒可怕。愤怒是感觉到外部有危险，这种危险可能会给自己造成伤害或者危机，然后马上就要采取行动，在行动之前从内心启动的一种紧张的、不愉快的情绪状态。这种愤怒的情绪，能够带来一股我们解决问题所需要的势能。迁怒就不同了。迁怒是属于人格上的问题。愤怒是自我保护，迁怒是真正地攻击他人。迁怒者自己推卸责任，逃避，还要掩饰，还要对别人攻击。家庭暴力中，打人者往往就是在迁怒。

怎样面对家庭暴力

面对家庭暴力，一定不能不反抗。女性在面对家庭暴力时，首先在气势上要把握好，要让对方感觉到你根本不怕他，要勇敢地反抗，他就再也不敢打你了。从自我人格上来看，你气势强了，你扮演的就是"母亲"角色。他在想对你动手时，有一种是"父亲"角色想迁怒"内在小女孩"的情况，你在辨识到他要动手时，瞬间升级到"母亲"角色，内在升起强大的心理力量，他就瞬间"破功"了，失去那股劲头了。另一种是"内在小男孩"迁怒"母亲"的情况，那么，作为"母亲"就要强势，而不是被"儿子"控制，这就是妻子自我保护的出路。其次就是跑，跑到他找不着你。千万不要忍耐，越忍耐，男人的暴力越会升级；越忍耐，越容易得抑郁症。

也有人说，"我打他，他更要来打我"。那是因为他感受到你心里害怕的气息。如果对方是边缘性人格障碍，这种人是有心理疾病的。所以，对于这样的人，必须要离开他。

被动攻击型人格障碍

在家庭暴力中，还有一部分受害者，有被动攻击型人格障碍。

一个人故意做出一些行为，让对方受不了，对方就对她动手。完了之后，她一脸地委屈说："我做错什么了？"她还要告状，到处给别人看，表达自己很委屈。这就是被动攻击型人格障碍。

所以，我们不能光说施暴者还要说被施暴者，那些真正长期挨打的人一定是有问题的。有一种人属于坚决不与你合作的类型，他永远不爱你，不疼你，不对你好，永远也不向你妥协。被动攻击型人格障碍个体就采取软对抗，就是要激起那个攻击型人格障碍个体的攻击性，让对方气急败坏。

家庭冷暴力改善之道

继续回到高女士的故事中来，谈谈他们的解决之道。假设这位丈夫的妈妈和奶奶在婚姻中都是被家庭不待见的，所以他是一个低自尊的孩子，他很有羞耻心，所以他的自尊心显得高。同时，他很敏感，情绪也不好。

如果是这样，他其实是最可怜的，他错失了一个很让人惋惜的机会。这位高女士是有爱的能力的，因为她的家里都是互相包容、互相给予的。按道理来讲，这位女婿进到这个家里，再加上高女士的父母对他很重视、很尊重，是可以帮助他成长的。但是，高女士没有发现这一点。

她如果可以早一点学习心理学，如果她一开始就比较了解自己的丈夫，了解他敏感，了解在他的家族里，每一代的丈夫对家里的妻子都不好（这是假设。）那么，她对他首先要接受，然后想办法温暖他，让他知道自己是被爱的。我有一位学员，在写感恩拜访信时，就是写给岳母的。他说："从小到大，我都不相信这个世界上会有对别人好的人，无缘无故地，我就是觉得人和人之间都是利益关系。但是，我跟妻子结婚之后，我就发现我的岳母每一次来到我家里，就是无怨无悔、无条件地帮助我们，打扫卫生、干活，走的时候还要把所有的垃圾都倒完，厨房、洗手间都打扫干净。有时候还生着病也来帮我们做家务。因为我这位岳母，我改变了对人的看法。她让我觉得，这个世界上还是有人能够爱别人的。"这位学员成长在一个冰冷的家庭里，一个彼此之间相互不够关心的家庭。他的岳母改变了他。高女士的丈夫身上也有这位学员的影子，没有尝过人世间的温暖。他小时候可能看着妈妈被爸爸打，被欺负，被不待见，也可能是奶奶。

所以在这样的家庭中成长的高女士的丈夫，在未来是不会对老婆好的。这是文化遗传、代系传递。高女士如果早早地知道这一点，就能了解他，就能够接纳他，接着，就可以适当地去影响他，告诉他："我是你的妻子，是陪你向前走的人，你要爱我、疼我。我是你孩子的妈妈，我过得开心，你的孩子就会健康成长。"就可以慢慢地引导他。

高女士需要和她丈夫谈心、沟通，而不是跑回娘家。其实丈夫不是对她不好，是丈夫做了正常的表现。为什么这种是正常的表现呢？那是他这种人格和成长经历之下的正常表现，但对于婚姻来说就不正常。那是他自己最原生态的一种状态体现，包括他对自己的家人，对外人，他会体现出一种社会化的责任感。面对真正的外人，他会表现得很得体。越是自己人，他就越是伤害，因为这是他表达爱的方式。

高女士认为新婚当晚没见红，是后来种种的重要原因。但是，过后他会不会计较，或者这件事情是不是真的会变成他的态度的根源，那就另当别论了。高女士对于丈夫为什么这样对她，没有很好地归因。她认为的理由，都不是真正的原因。真正的原因，是双方没有真诚地沟通，没有真正地理解彼此的家庭文化，没有让对方真正地把心打开给她看。一个误解就误会了很多年，这是很可怕的。她一旦归因正确了，解决这个问题就容易了。

保护凤凰男的自尊心

故事中女方家境比男方优越，那么，如果一个低自尊的男人娶了一个家境比他更差的女人，是不是就不会出现这种问题？不一定的。低自尊的男人即便和低自尊的女人结婚，也可能一样会出现家庭冷暴力，因为这个男人暴力的来源是他自己内在的无力感。

针对这个问题，我们来谈谈"梧桐女"和"凤凰男"。农村的男孩子考上大学了，跟城里的女孩子恋爱了，两个人结婚之后，乡下亲戚就来城里投靠男孩子，让他们夫妻或女方家庭帮忙解决一些问题。刘若英和郭晓冬主演的电视剧《新结婚时代》讲述的就是这样的故事。为什么城市里有的女孩子会喜欢乡下的男孩子？因为乡下的男孩子带来的乡土气息，是她从来没有感受过的。

恋爱的时候，他会给她讲很多事情，可能他的一些经历在她看来是励志的，但是实际上，她在骨子里又对这些有一点看不上，所以就会导致丈夫的自卑。在家里，他们就会在这方面产生冲突。但是，一旦妻子在心理上的角色转变过来的话，他们就会很幸福。

但是，问题往往也是因为丈夫的自卑。如果他一直有一种自卑感，那就不好相处了，可能妻子对他从来没有不好，但是他自卑、他咆哮。所以，有些家庭暴力案例中，就是因为丈夫低自尊，妻子比他优越，从而引发了一系列的暴力事件。在高女士的故事里，她就是表现出了优越，表现出自己的家境比丈夫的家境好，所以这位丈夫实际上是自卑的。

所以，妻子要照顾到丈夫的自尊心，因为妻子是准备和他过一辈子的，要引导他，要真正地去爱他，去帮助他。夫妻二人要做到彼此关爱，彼此认同，相互帮助，一家人一条心。

心理成长体验

到公园里，或者家附近，找一块小石头，代表未来的自己。给它取一个名字，然后放在掌心，仔细欣赏它，感受它的纹理、色泽、质地，感受自己的内心。

然后，在一张 A4 纸上，给这颗小石头写一封信。

格式为：

亲爱的 ×××（你给小石头取的名字）：

你好！

你是未来的我，此刻，我在……（地方）给你写一封信。

……

署名

××××年××月××日

参考文献

1.[美]罗兰·米勒，丹尼尔·珀尔曼.亲密关系[M].北京：人民邮电出版社，2011：368，374-376.

2.杨鑫辉.什么是真正的心理学[M].福州：福建教育出版社，2012：333-334.

3.韦志中.团体心理学：本会团体心理咨询模式理论与实践[M].北京：清华大学出版社，2014：39-40,349-350.

4.[美]兰迪·拉森，戴维·巴斯.文化与人格[M].北京：人民邮电出版社，2013：5-12.

5.钟年.心理学与文化研究[M].北京：中国社会科学出版社，2013：86-87.

6.[奥]阿尔弗雷德·阿德勒.自卑与超越[M].北京：中国妇女出版社，2017：36.

7.[美]兰迪·拉森，戴维·巴斯.人格障碍与调适[M].北京：人民邮电出版社，2013：134-152.

8.许建阳.形成攻击型人格的内外因素[N].保健时报，

2009-5-14(6).

9.柳娜.家庭暴力中严重躯体施暴行为的代际传袭[D].中南大学,2011.

10.[美]Jerry M.Burger.人格心理学（第八版）[M].北京：中国轻工业出版社，2015：140-142.

第十二章

婚姻危机干预

我们在经营婚姻的过程中，难免会出现一些问题。

每个人在一生中都会遇到一些困难和挫折。关键的问题，不是你遇到了什么挫折，是你遇到挫折之后，你怎样面对和处理。无论是工作，还是生活，我们都要有危机干预的意识。危机干预一定要把握最佳时机。这个最佳时机往往是危机情况发生的第一时间。如果是可预料的危机，那么在危机尚未发生之时，就要把其可能性尽可能解除。通过及时进行危机干预，我们可以最大限度地把事情的破坏性降到最低，甚至把一次危机变成一次机会，让人生的旅程进入新的风景。

积极面对婚姻危机

婚姻也是一样的。不要祈求婚姻既有幸福，又有爱情，又很和谐，而且从来不会遇见问题，那是不可能的。那么，遇见问题了，我们怎么去化解？不能说遇见一个问题就直接崩溃了，就认为婚姻不行了。我们得有化解问题的能力，这就是婚姻危机干预。有人说七年之痒，有人说四十不惑，还有人说空巢期。这些不同的时期，可能都是危机期，也可能危机就是机遇。

往往出现困难和问题的时候，恰好就是我们可以使婚姻质量水平提高的时候。有的可能是另一半出轨了，自己想保护婚姻，另一半也觉得要回归，这时候就要考验我们的干预能力了。有的可能要打赢一场婚姻保卫战，那么，我们婚姻保卫战的亮剑精神，怎么拿出来？怎么样能打赢？这里是有技巧的。有的可能是人到了一定的时候，才能从心理上开始接受不够幸福的婚姻解体。所以，在这过程中就可能要面临一些选择，进行一些处理和化解。这些都是婚姻危机的应对和处理。

爱情与满意度

据爱情心理学研究发现，自尊水平与激情型风格的爱情成正比，两个人之间激情水平越高意味着双方自尊水平越高；自尊水平与占有型风格成反比，越自私、依赖性越强的爱意味着自尊水平越低。激情之爱在所有种族中对于夫妻双方的婚姻满意度都是最一致的预测因素。而一个人对伴侣的尊重水平，在预测关系的满意度上仅次于激情之爱。研究者们发现，尊重是婚姻质量的一致因素。一份成熟的爱情以相互尊重为基本特征之一。

因此，提升自尊水平，保护夫妻双方的自尊，彼此相互尊重，是非常利于保护婚姻的。同时，在打击第三者时，自尊也是一个重要的工作切入点。当第三者心理优势降低，其自尊水平会受到干扰。这时，出轨的爱人和第三者之间就不再是激情又浪漫，而是会让第三者暴露出自私或依赖，那么，二人之间的激情水平会迅速降低，关系满意度也会迅速降低。

在爱情风格与关系满意度的研究中还发现，积极的爱是关系满意度的积极预测因素之一。加州大学的两位教授开发了"积极家庭治疗"，与其他类型家庭治疗的不同之处在于，把工作重点放在家人的目标、对未来的看法、个性优势、资源、韧性上，而不是放在对问题、过去的看法、局限、短缺和脆弱上，其目的是帮助家庭以增进幸福的方式到达目标。2016 年，韦志中心理学网校推出了以中国文化为背景的《积极婚姻家庭治疗技术》课程，运用本土积极心理学技术，提升我国的婚姻家庭质量。

如何应对"平淡"危机

有一位设计师李先生，很爱品茶。他和妻子就相识在著名的茶乡安溪。

姑娘长相清丽，性格开朗，大学学习中文。他们在安溪之旅后联系越来越多，渐渐成了一对令人美慕的情侣。毕业两年后，他们在家乡结了婚。都爱品茶的他们，在家里精心设计了一间清雅的茶室。两人经常一起坐在茶室里喝喝茶、聊聊天。

结婚三年后，他们一起来到杭州工作。在茶都杭州，他们尽情享受着泡茶的乐趣。第二年，他们在杭州买了第一套房子，后来又生了女儿，日子越过越幸福。女儿六岁时，他们买了一套近二百平方米的小型别墅，也设计了一间茶室。他们常邀朋友来家里做客，一起陶醉在满室茶香中。

喝茶喝久了，李先生渐渐非浓茶不喝。他常常熬夜做设计，喝浓茶可以很好地提神，而妻子还是喜欢喝淡淡的绿茶。两人一起泡茶的时间少了，喝茶也常常喝不到一起了。

后来，李先生父亲因病过世，母亲身体也渐渐变差。这让他很内疚。这么多年，忙着赚钱，忙着孩子，对父母尽孝太少。李先生的母亲有时会来杭州居住，但她和儿媳也没有多少共同语言，更多还是一个人回到老家去住。

李先生觉得，如今的生活条件比以前好了太多，但越来越像白开水一样淡而无味。虽然外面有一些诱惑，但是李先生并不为之所动。他觉得自己还是爱妻子，只是早已转化为亲情了。他还是经常会想起当年和妻子相识时喝的那杯清雅的白茶，还希望能够找回那时回味无穷的甘美味道。

生活中，像李先生这样的人也是不少的。他在入学的时候，追到了自己喜欢的人，追到了自己的爱情。但是，爱情不能长期保鲜，又不能够去换人，所以考验他的时候就到了。接下来，婚姻该如何去经营呢？

显然，李先生是像相当一部分人一样，不接受、不愿意人生接下来的这一段时光平淡无奇。我想，比起社会上有一些到了三四十岁就把自己放弃了的婚姻中的男女来说，他还是有自己的幸福追求的。我经常会说，婚姻中的男人和女人，尤其是女性，过早地把自己给放弃了。追到爱情了，然后就结婚、生小孩，把小孩养到十几岁了，这时候时间属于自己了，而自己其实已经把自己放弃了。李先生没有把自己放弃。

说白了，比起在婚姻里没过几天好日子的人，李先生还过了很长时间的好日子。正是因为他过了这些好日子，体会到了两性关系的美好，所以他现在更渴望还拥有原来那种美好，或者还想要再超越那种美好，这恰恰是一个机遇。有这样一个案例：夫妻俩结婚很多年，孩子十来岁时，两个人之间感情淡漠下来了，这时，孩子生病得了癔症。夫妻俩就带孩子去治疗。家庭治疗医生给他们提出了建议，其中有一项工作，就是让他们重建蜜月期。结果，借助孩子的治疗过程，他们夫妻俩又重新回到了原来的情感状态。

所以，从这个角度来说，爱情不能只是属于年轻的时候，爱情应该属于一辈子。只要你没有离开这个世界，你都可以拥有爱情。正在阅读此书的你，一定要带着这份美好的愿望。故事中的李先生就是在追求这份美好。

平淡是一种婚姻危机，要怎么去应对？李先生就经常和妻子实施一些计划。比如，两个人可以一起去写生画风景，一起去安溪重游故地，一起去读书探讨一个生活主题，一起去做一件温暖又有意义的事情，这些都是可以去实现的。只要两个人商量好，去实施就可以了。在实施过程中，两个人一起再次去感受生活的美好和意义，双方的激情和亲密都会被唤醒。

如何应对"出轨"危机

我们在婚姻危机干预中，不只是平淡这一种危机，我们还要讨论另一种危机——"出轨"危机。

如果在这个家里，丈夫出轨了，妻子要保卫婚姻，该怎么保卫？如果丈夫也想回归，但是自己无能为力。妻子是肯定要努力地保护自己的婚姻的，在这种情况下，该怎么去进行？

人一旦出轨，往往会感觉到外面是很好的，会有一个蜜月期。然后，往往是"三、六、九"，或三个月，或六个月，或九个月，双方的关系就会像秋虫一样死掉了。但是，往往是因为他觉得刺激，如果有人追，有人打，有人找，有人躲，他和第三者的关系时间会延长。如果是自然发展，就不会很长。在婚姻中有婚外情的时候，往往越追越查，出轨一方就越觉得刺激，他出轨时间就越长，最后说不定还真成了。如果你不理他的话，过了一段时间他就觉得没意思了。

我曾经咨询过一个案例，指导过一位女士。第一招就教她用了一个"恶心法"。就是不去质问丈夫，而是写一封长长的描述跟丈夫恋爱经历的信件，寄给第三者。因为，在第三者看来，这个男人肯定跟妻子没感情，所以才和她在一起。妻子就在信中，把当初和丈夫相识相知相爱的过程，全都详细地写下来，寄给第三者，她是一定会看的。

接着就开启"围堵打援"模式，就是尽量切断老公和第三者之间的联系。如果切不断就先不切，但是一定不要闹。把自己的情绪稳定下来，想发泄就哭，有委屈、有愤怒就去做心理咨询，等情绪宣泄差不多了，就开始做计划。

不要团结孩子和公公婆婆，让他们一起去修理这个男人。如果还想要婚姻的话，你就不能去激惹他。人要有一块遮羞布，也许他的父母还有孩子对他出轨的事情都还不知道。女人最可怕的处理方法，就是先让这些人知道。女人以为让这些人知道，心里就有了靠山、有了力量、有了帮手，就觉得自己有把握了，觉得自己在孤独无援的情况下就有支持了。但是如果这样的话，他就会被得狗急跳墙，到最后可能就干脆撕开了面具。所以，妻子一定要让他接着"装"，要捧着他，让家里人都知道他好，先把他稳住，这是"围堵"。

"打援"就是当第三者被妻子骚扰了，她就会说他："你别再跟我装蒜了，你老婆都给我来信了，你就跟我说什么时候咱俩能成吧，你到底要我还是要她？"最后就变成了不是老婆逼他，而是第三者逼他。谁逼他，他跟谁急。男人都是这样的，一逼他，他就急，谁逼得急，他跟谁急。第三者老是逼，两人就开始互相生疑，就会从原米的蜜月期变成吵架了。尤其是想到他妻子的那封信，尤其是他在他父母和孩子面前还在"装"着，第三者就稳不住了，就会开始闹。慢慢地，男人就开始思考，这日子过得有什么意思呢？他原来想要离婚的念头就收回来了。

但是，这种战役往往败在哪里呢？如果妻子情绪不稳定，就会功亏一篑。她突然忍不住了，大骂一场，甚至闹到丈夫单位去，把事情搞得尽人皆知，他就干脆不装了。所以，要保护你想保护的这个人的面子。

丈夫出轨，对于女性来说，是一个哀伤事件。她一旦有情绪问题，来进行心理辅导时，我们就对她采用哀伤处理法，然后，她又可以神清气爽地开始了。过两天她情绪又有问题了，就再来辅导，这需要一个过程。有的人不知道寻求心理辅导，在处理感情纠纷时就很难控制情绪。

等"围堵打援"成功，婚姻保卫战结束，就要请妻子带着丈夫一起来做夫妻辅导，把过去的创伤处理掉，重新建立未来的夫妻关系。这里有很多重要的心理工作内容，所以要尽可能地把丈夫带过来做夫妻咨询，只有这样，婚姻危机干预的效果才算真正达到。

婚姻保卫战，很多时候不是打不赢，而是在过程中搞砸了。我指导的这位女士就成功了，效果很好。所以，危机干预，要进入"干预"，而不是让自己耽溺于"危机"。

重视亲密关系质量

对于平淡的危机化解，对于出轨的危机化解，都是在人到中年、四十不惑的时候往往要学的。尤其是平淡的危机化解，很重要。

今天，人们已经普遍从追求物质以获得幸福感的层面，发展到追求精神自我的层面了。婚姻中的亲密关系，恰恰是幸福的主要来源。积极心理学家塞利格曼先生提出幸福的五个核心元素，分别是积极情绪、投入、人际关系、意义和成就。在良好的人际关系中，亲密关系是很核心的内容，往往先醒悟的人先行。

比如，在做婚姻团体辅导时，我创造了一个技术叫"甜言蜜语"。大家来上课时的就在嘴上抹上蜜，回家时也都抹上，回家以后就要说点好听的话，叫"开口有益"。伸手不打笑脸人。这对于积极婚姻关系的建立是很重要的。

有位网校学员分享了她的故事：

我跟我老公相互之间的责任感很强，一直以来，我们的婚姻也很稳定。但是，因为孩子的问题，我觉得我们的婚姻出现了一些状况。在比较严重的那一年，我俩经常相互指责。尤其是我，总是指责他不学习，说他从来不看教育方面的书。虽然我之前因一些不当的言行伤害了孩子，但是我总是在想办法，总是在找解决的方法。

一直这样互相指责，孩子又这个状态，我们其实有一段时间就都觉得没意思。感觉活着没意思，比较绝望。虽然都没提离婚，但是都觉得不想回家了。

当时我们也做了心理咨询，那些心理咨询本来应该是解决孩子的问题的，却让我明白了自己的问题，所以就没再让孩子去。我虽然知道了道理，但是体验不到，所以问题还是存在。后来，网校开学了，我就天天听课。开始我还抱怨老公说，人家老公都能和老婆一起听网校的课，而我只要一提心理学你就很反感，就从来不愿意听！

但是，随着听课越来越多，我就不再去指责他了。我觉得他有他的方法，可能如果全部按他的教育方法，孩子也会成长得很好。我觉得我应该接纳他，所以就慢慢地不再指责他，而且也不太管家里的事了，就天天安心学习。以前，家里他啥都不管。后来，他也参与了一些事情。再后来，我觉得慢慢地又改善了很多，家里的氛围就好了很多。

接着，我们又安排了一次云南旅游。以前，我总是说他有一大堆的缺点：什么都不管，干什么都不操心，如何如何……结果，那一次我什么都没管，发现人家处理得还可以，天天操心买票，安排去哪儿，所以我也就不停地表扬他。他自己也很得意，说："你看看我不是做得很好？哪次让你误了火车，误了点？"

我觉得在网校的学习，让我切切实实地发生了改变，也改变了我的家庭。虽然，孩子的问题还存在，但是我也感受到了孩子的变化，我感觉到他有了一些责任感，也和我有了一些情感上的互动。我觉得自己还是要再继续学习下去。我是想说，婚姻危机可能会变成一个机遇，因为我感觉现在跟我老公好像又重新开始了，两个人都重新去认识对方了。

建构幸福婚姻家庭

这个故事告诉我们，夫妻相处的关键就是两个字：尊重。接纳对方，看见对方，认同对方，这都是尊重。所以，我说婚姻家庭中夫妻的积极心理品质就是尊重、宽容、忍耐、创新、变化。我们新出的"积极婚姻家庭治疗模式"，就是针对所有我国健康家庭的辅导模式。

所以，这位学员接下来就需要继续提升尊重水平。这是经营夫妻关系的积极心理品质，一旦有了，在家庭互动中体现出来了，逐渐其好处就发挥出来了，对方一定会好的。人的生命，越赋予其光彩，就越有光彩；越是打击，就越容易走下坡路。所以，夫妻之间一定要给彼此镀金，给彼此阳光，给彼此雨露。所以，正在阅读此书的你，当你读到这里，一定要行动，思考一下爱人所具备的积极品质，去赞扬爱人，要勇于向爱人表达爱意。如果自己有一些做得不恰当的地方，一定要向对方道歉，要有惭愧之心。这些一定要做，特别有用，因为这些可以让我们的内心慢慢地恢复，让彼此产生爱的流动。

平淡了，我们就来第二次亲密之旅，重建蜜月期。有危机了，我们就把它转换成机遇，让我们的婚姻变得更好。如果遇到了巨大的风浪，我们来一场狭路相逢勇者胜，好好地保卫自己的爱情，保卫自己的幸福。

我们对幸福家庭的捍卫，就是对我们幸福人生的捍卫。对我们自己的情感的捍卫，一定要投入。大家要转变思想，追求幸福，追求精神生活的品质，追求良好的关系。生活中的险滩慢慢地就走过了，这就是心理成长的过程。

正在阅读此书的你，想一想，自己的婚姻有多少年了？有的五年以内，有的十年以内，有的十多年了，有的二十年了。我们的年龄也不同，二十岁、三十岁、四十岁、五十岁、六十岁……在不同的年龄阶段，我们都可以为自己的婚姻、为自己的幸福、为人生的和谐美好去做一点事情，只要肯做，绝对是有用的。我们要停止婚姻中的指责、逃避、攻击等，做一些对婚姻有益的积极行动。

心理成长体验

发现爱人身上的至少五个积极品质，然后告诉爱人。

参考文献

1.[美] 罗伯特·J. 斯腾伯格，凯琳·斯腾伯格. 爱情心理学 [M]. 北京：世界图书出版公司北京公司，2010：165-171.

2.[爱尔兰]Alan Carr. 积极心理学 [M]. 北京：中国轻工业出版社，2015：372-373.

3.[美] 马丁·塞利格曼. 持续的幸福 [M]. 杭州：浙江人民出版社，2012：14-22.

第十三章

甜言蜜语：两性关系的沟通方法

既然两性之间是亲密又浪漫的关系，就必然要掌握维护关系的沟通艺术。

在和另一半的沟通中，首先要注意遵循平等、尊重、彼此关怀的原则。两性关系的沟通过程，也是对彼此的认知过程，是重要的信息交流过程，要经历感知和思维加工两个阶段，才能做到对彼此知其然、知其所以然。两个人之间的爱、尊重、理解、接纳、宽容、支持、欣赏等，都需要通过沟通来表达。两个人在生活中的点滴感受、思想、人生目标等，也都需要对彼此进行及时的分享。在两性关系中，与情境相符合的自我表露能够增进彼此的喜爱和对关系的满意度。两个人在说话时，拥有只有彼此能听懂的暗语和比喻用语，更是关系幸福美满的标志。两个人之间相互有感知、有懂得，对关系有思考、有升华，才会让亲密关系保持健康、稳固。

夫妻问题的三个层面

我们要明确的是，夫妻之间，沟通很重要，但是沟通背后的层面，同样值得关注。我们在探究夫妻之间怎样沟通之前，也要先来看一看沟通背后的心理层面。

以往，夫妻之间一旦发生问题，人们普遍会觉得是他们沟通的问题，往往会从沟通层面去做辅导。但沟通只是表面的，有的问题可能不是两个人沟通方法的问题，而是两个人性格的问题。性格如果不完善、不健康，即使沟通方法再好，技巧再高，也不能解决具体问题。

再进一步看，就会发现也不是性格的问题。一个人为什么持有这样的行为，是靠他的心理活动支配的。因为在心理学的研究中，包括行为和心理活动体验之间的关系。每个人的行为，都是由外部的刺激和内部的刺激决定的。外部有了刺激，人就会产生一种心理体验，有了这种体验，人就会产生一种行为。内部刺激也是这样。比如，一个人叫"我疼"，背后就是因为他有心理体验，这种体验就来自内部刺激。内部的刺激加上外部的刺激，引发心理体验，然后人就会做出一定的行为。

我们一般认为一个人之所以会做出这样的行为，与他的性格有关，与他的心理体验有关。但是，这只是一个层面，更深的层面是，他拥有怎样的价值观，决定了他的行为。就像我们说，如果一个从骨子里认为人不能低头的人，他在行为上就不会向别人低头。如果一个从骨子里就认为女人就是要等着别人来追的人，那么她在跟任何人的恋爱相处中，都不会主动地去追求对方。

那么，她为什么会形成"女人一定要等着别人追"这样的价值观呢？这就是文化的因素在起作用，就是她成长的历程决定的。为什么有些人轻易不会向别人低头？就是因为他们的自尊，他们的自尊就是他们的价值观来源。自尊是性格，是个性的一种表现，但是，这种个性背后，往往就是受到他们原来的成长经历里文化环境的影响。

所以，我们从三个层面来看，当夫妻之间有了问题，一般的心理咨询师就会把它当成沟通的问题，有临床经验、有深度的心理咨询和心理治疗背景的老师，就会把它看成个性的问题，而不是关系的问题。从更深的层面来讲，就是文化的问题。

然而，不是所有的夫妻问题都是因为文化因素的影响。如果文化上彼此很认同，没有问题，那么就要看是不是个性的问题。如果个性也没有问题，那就是浅层面的问题了，也就是技巧问题。说白了，有的人就是不会说话。他人格很健全，但是他不会说话。

建立夫妻间沟通的快乐

不会说话的人有很多类型，有的人说得多，有的人说得少，有的人说不到点子上，有的人说的话容易伤人……这些都是不会说话。

我们在讲到爱情心理学时，对于夫妻的问题，要从这三个层面来看。我们在前面的章节谈到"一张床，六个人"，讲的是双方原生家庭文化的冲突与融合；"六个人，一张床"，讲的是双方人格自我的三个角色匹配；"一个人，六张床"，讲的是一个人的历史文化。这三篇"床"系列讲的都是在第二层面和第三层面。那么，关于第一层面——两性关系中的沟通，我们在本章中就好好地谈一谈。

有一位叶女士和老公在大学时相识。他们都来自农村，家境比较贫困，全靠自己奋斗考上大学。当城里的同学都出去消费时，他们就选择泡在图书馆。渐渐地，两个人萌生了感情。他向她表白时，一脸真诚地说，自己没有钱，但是一定会努力，并且会永远爱她。虽然父母反对，但叶女士依然坚持说服了父母，和他在一起。

毕业前，学校要选一个成绩最好的留校。叶女士成绩最好，男友第二。但是叶女士选择了放弃，把机会让给了男友。在她看来，事业对于男人来说更为重要。叶女士最后在这座城市远郊的一所学校当了老师。

刚毕业时，他们生活非常艰苦。男友的哥哥得了重病，几乎花光了他每个月的工资。叶女上为了帮他哥哥治病，每天下班后跑很远的路去多做一份工。男友边工作边读研，也非常辛苦。他们常常一个月才见一次面，见面后也仅仅是找个僻静处坐一坐，聊聊天。但叶女士只要想到有男友的爱情，心里也有一丝丝甜甜的感觉。

后来，男友单位分了套小房子，他们终于结婚了。新房里只有一张床是新的，其他都是旧物。婚后，因为单位离家很远，要转好几次车，叶女士每天不到五点就起床，常常深夜才回到家，每天睡眠都不够。丈夫也是每天早出晚归。夫妻俩就这样过了三年。

后来，叶女士生了孩子，妈妈过来帮忙，一家四口挤在这套小房子里。丈夫工作忙，回家也比较晚，两个人能说话的时间很少。但家里有了活泼可爱的儿子，每天都是笑声不断。

又过了八九年，日子渐渐好起来。丈夫读完博士，升了职，分了大房子。叶女士也调到了市中心的中学。叶女士一直都认为，和丈夫经历了这么多的磨难才走到一起，彼此都会珍惜如今的好时光。可是想不到的是，走过艰难，迎来的却是丈夫的出轨。

丈夫说："我们的生活太平淡，太缺少激情，每天除了工作就是柴米油盐，而那个女人给了我久违的激情。" 丈夫说，如果叶女士要离婚，他会同意。如果她不愿意离婚，他也不会逼她，因为毕竟在一起这么多年，他对这个家有责任。

后来，第三者怀孕了，打电话给叶女士让她退出。丈夫说："如果你不想离婚，我可以给她一笔钱，让她把孩子打掉，离开这个城市。"面对这种情况，叶女士不知道该怎么办。她并不想失去婚姻，可是心里很痛苦。

这个故事中，虽然他们之间不只是沟通层面的问题，但在这位丈夫出轨的问题背后，其实就是两个人没有话说。夫妻两个人说话、沟通，其实就是心与心的交流。

当初有话说，现在没话说了。其实当初也不是无话不说，这一段感情，这一段婚姻，从一开始就是按部就班地进行。当然，大多数人的婚姻都是按部就班的，但是，在这样的按部就班中，他们并没有形成夫妻两个人之间沟通的一种快乐。

重视深层次的心灵沟通

所以，我们在这里不仅要谈怎样沟通，也要延伸一下，谈一谈怎么样进行深层次的心灵沟通，如何能让对方觉得跟你在一起有意思。

很多年轻人评判朋友关系、恋爱关系，就是看有没有意思。其实，这种有意思或者没意思的感受，也是要通过沟通来彼此感知的。对方会不会说话，愿不愿意跟你说话，你愿不愿意听他说，这些都是要注意的。有一部电影叫《一句顶一万句》，其原著小说获得了茅盾文学奖。这部小说讲述的是找一个能说得上话的人的故事。找一个能说得上话的人是很难的。这位丈夫所说的没有激情、生活平淡，实际上就是跟妻子没有话讲了。结婚后，妻子在忙着照顾小孩，忙着工作，忙着打理所有的家务。这些忙碌紧张的生活现实是对女人的为难，叶女士就难在这里。丈夫需要一个知己，需要一个沟通交流的对象，叶女士把这块阵地忽略了。这块阵地是心灵的花园，被别人闯了进来，种上了花。这就是问题所在。

有问题及时求助心理咨询

如果从婚姻的角度去评价，她丈夫是不愿意离婚而且愿意去妥善处理这件事的，也就是说，这是他们婚姻的一次危机。如果两个人都愿去化解的话，通过婚姻辅导是可以去化解的。关键是，他们会不会去做婚姻辅导？现实生活中，有很多家庭在真正遇到冲突、遇到困难的时候，都不会寻求心理咨询师的帮助。像叶女士这种情况，去找一个好的婚姻家庭心理咨询师做辅导，是可以从危机中走出来的，也可能还会使他们的婚姻焕发新的生机，因为他们两个人都有意愿想去改善。

如果不去做这样的积极干预，那么接下来可能就会有三种走向。第一种走向是继续拖延，拖到那个女孩把小孩生下来，或者流产，然后丈夫与其继续保持关系。第二种走向是丈夫与第三者的关系断了，他们夫妻之间的感情并没有恢复。创伤继续留在叶女士心里，丈夫继续在这种关系中难做，两个人继续这样有隔阂地生活下去。第三种走向是离婚。离婚也可能会走向两个方向。一个方向是把过去的创伤修复掉，这就有两种情况，一种情况是找到了一个好的人，可以爱自己，就告别过去了；另一种情况就是主动地去寻求心理老师的帮助，或者是自我成长，成长好了，就告别过去了。这两种方式可以告别过去。告别过去的人，还可以有未来。还有一种方向是没有告别过去，就是虽然离婚了，但是还在守着原来的"心理裂痕"和原来的问题，继续成为一个不开心的人，觉得命运对自己不公，这种情况就没有幸福可言。

所以，这个案例也让我们看到，在爱情、婚姻、家庭中，其实只要有一个危机没有处理好，后面就会看到亲密关系的质量持续不断地下降。

积极干预化解问题

上一章中，我谈到婚姻危机干预。在这里，我们通过这个案例也看到，不干预，或者干预得不好，不积极主动地去干预，最后都是坏结果。干预好了，就会让情况积极起来。比如说，通过干预，化解掉这位丈夫对妻子的内疚感，化解掉他对情人的自责感和内疚感，让他能够去做一个坚决而积极的行为：既然不能离婚，也不能娶人家，那么，积极的行为就是了断。

外面的关系切断之后，妻子就要处理因为丈夫的背叛而带来的心理创伤。这要做很长一段时间的夫妻咨询和个人成长，让两个人重建沟通，这可能需要几年时间来做修复的工程。就像修房子一样，需要一个大工程来好好地修，但是修好之后，这座房子还是依然坚固、美观。有很多人在这种情况下慌不择路，为了逃避眼前的痛苦，就选择了离婚。但是即使逃避，现实的困难和问题并没有得到面对和解决，就再也回不去了。

这个案例的分析演变就是这样。所以，正在阅读此书的读者朋友们，如果你是一位心理咨询师或是一位婚姻咨询师的话，你遇到案例的时候，就可以这样给他们一个综合的建议，然后具体深度地去解决。如果你本身是一个经历者，事件是已经过去了，但实际上心理的影响依然存在，那就还要做一些修复的工作。如果正在发生，那你就按照我说的这样来做。这些都是值得投入的。

做辅导并不是说辅导老师的帮助才是有意义的，而是你理解并行动了，这才是有意义的。你行动了，这说明你没有放弃自己，在主动自救。所以，辅导老师要对每一个来访者都这样说："我非常相信你能够走出来。"因为，你来了，不是老师有多厉害，而是你没有放弃自己。并且很多人实际上都是在心理咨询的过程中自己疗愈的。

所以，不能逃避这个问题，并且要积极地处理创伤。

夫妻沟通首先要跳出自我

以上这些阐明了，我们再回到沟通的话题。在男女两性关系中，沟通要注意一些什么？最忌讳的是什么？

其实，我们的婚姻，无论怎样防患于未然，到了一定的时候，一定的阶段，都会"出事"。可能是感情冷淡，可能是出轨，可能是争吵，也可能是沉默，总之，或多或少都会出点事。

我们的思维不应该停在不要让问题发生上，而是要放在时时地去维护上。夫妻之间的沟通也是如此，不是说确定恋爱关系了，走进婚姻了，就一劳永逸了，要时时地维护亲密关系。很多人会抱怨自己并没做什么，某件事情就发生了，其实事情总是会发生的，要有这样的认识：危机一定会发生，问题总是会出现。

当出现问题时，在沟通方式上，人和人是不一样的。有的人是事情发生了，一定要说个子丑寅卯，要有个结果，没有个结果今天就没法过了。有的人暂时不想有个结果，因为不想吵，宁愿先冷一冷，静一静。其实，他们都是站在自己的体验里走不出来。

我们要把自己从自己的体验里薅出来，站在另一个地方看，世界就会不同。这在沟通中，在心理咨询中，叫设身处地，是共情的本质。所以，跳出自我是总纲领。我们做心理辅导，就是在想尽一切办法把这个人从现场拉出来，让他站在一个高处来看。萨提亚的家庭治疗，会让当事人看家庭雕塑，就是把当事人假设为"局外人"，把情境重现给当事人看，让当事人重新回到过去并体验。心理剧会把过去的故事演出来，让当事人看并再次体验。海灵格的家庭排列，会把家庭成员内部流动的文化动力展现出来，排列出来。这些都是内部的文化动力，要展现出来才能看到。各大流派的心理治疗所产生的家庭治疗技术，都围绕着让当事人跳出来。所以，沟通离不开跳出自我。

当我们在两性关系的沟通中，能够跳出自我，就能够真正地倾听到对方，就能够真正地尊重对方、理解对方、接纳对方、支持对方，让彼此的亲密程度越来越深。

夫妻沟通的"四不、一描述"原则

沟通要看三个层次，沟通在表层，其背后是人格，人格背后是文化。所以，我们在这里提出来夫妻沟通中的四不原则：不分析，不解释，不建议，不总结。

不分析。分析是最糟糕的。你一分析，好像就是你对，给对方的感觉就是自己不对或是不行。对方就会感到恼火。

不解释。夫妻沟通过程中，最令人反感的就是"解释"。尤其是争吵的时候，你只要一解释，给对方的感觉就是你没做错。

不能接纳自己也有可能会犯错误，这本身就是问题了。所以，不要解释。

不建议。你一建议，就显得好像你比对方高明。这样也会让对方心里不舒服。

不总结。因为都是领导做总结。你一总结，好像在家里你是领导，而对方可不一定情愿。

这些沟通方式都是不行的。

那么，我们还能说什么呢？有一个很管用的沟通技术，就是"描述"。比如："我现在心里很难受，我出汗了……"描述发生的真实的情况。又比如，"我听到你刚才说的这句话，你说……"就把对方说的话原样描述一遍。描述也是能宣泄的，比分析、解释、建议、总结都更具有宣泄的效果。那些分析、解释、建议、总结，越说问题越大，对方也就越糟糕。你运用描述反而能更好地表达，描述对方说的话，描述发生的事，描述你自己的体验。描述也是有技巧的，描述感受的时候要说自己。我们在做心理剧演出体验时，就要求现场分享的人，除了描述之外，任何的分享都不允许。不能说别人，只能说自己，这是第一条原则。不能说道理，只能说感受。不能讲别人的故事，只能讲自己的故事。本会团体心理咨询模式有一个"照相机"技术，客观、真实地描述个人看到的场景，而不带有个人的任何加工，就是属于描述技术。

为什么描述对于夫妻沟通能够起到很好的作用呢？因为，夫妻沟通需要彼此尊重。尊重对方，就意味着允许对方有自己的感受。当我们运用描述时，就不掺杂我们自己的任何加工，而是将环境、事件、人物关系、自己的感受、对方说的话等原原本本地呈现出来，这样对方就可以从我们的描述中产生自己的体验，而不受我们的干扰。描述是把人们带进此时此地的一种方法，我们就不会把他时此地、此时他地、他时他地所产生的情绪、认知、思维等放进此时此地，这样也利于我们跳出过去的自我，能够充分地体验此时此地，觉察当下的环境、问题、关系、感受、心情等，也就能够和另一半进行更有效的沟通。

夫妻沟通中的忌讳

夫妻沟通还有一些注意事项：不要侮辱，不算旧账，不否定对方，不过于理性，不威胁对方。

过于理性会让另一半疯掉的。不要动不动就说分手，分手就是威胁，尤其是对于那种不安全感型的人。每个人都有"辫子"，都有"尾巴"，沟通时不是踩人家的"尾巴"就是抓人家的"辫子"，当然不会有好的结果。"辫子"是指一个人的人格需要完善的部分，是他成长中最羞耻的、最不愿意被别人抓到的部分。"尾巴"就是一个人自己要隐藏的部分。

很多人侮辱人，通常围绕三个方面：性、智商、祖宗。《三国演义》中的袁绍讨伐曹操，当时，袁绍兵马强壮，由他带着诸侯去讨伐曹操，他们写了一篇声讨檄文，在打仗之前先发一份檄文到各郡，说明一下为什么要声讨曹操，以求名正言顺。陈琳在檄文中历数曹家祖辈的罪过。曹操本来正在犯头风，听此檄文，脑袋直冒汗，豆大的汗珠越来越多，把他的头风病都给治好了。后来，曹操把袁绍灭了，他让陈琳在袁绍墓前把此檄文给他念一遍，可见他对这件事情有多在意，因为檄文里骂他祖宗了。

再来看智商。我们不能说别人笨，不能侮辱别人的智商，夫妻二人如果在这里伤了，就直接伤感情了。

夫妻沟通贯彻"开心"宗旨

日常生活中，人们需要开心，因为开心是一种积极的情绪和乐观的态度，对身心具有保护功能，同时还具有导引功能，能够引导人们去关注生活中美好的层面，看到人生的有利条件，看到自己身上更多的资源，看到人生更多的希望、更多的乐趣，帮助人们释放出内在的潜能。因此，积极的情绪和乐观的态度，其实是一种很重要的心理能源。积极情绪也是塞利格曼提出的幸福五元素之一。如果亲密关系中的两个人，在日常生活中能够经常积极沟通，就会产生许多的积极情绪。所以，我们要找一个让自己开心的、会说话的人在一起。甜言蜜语，礼多人不怪，伸手不打笑脸人，"恶语伤人六月寒，良言一句三冬暖。"切记，这是亲密关系沟通中最重要的地方，和爱人说话的时候，一定要满嘴都是油，都是蜜。

在积极婚姻家庭治疗中，我们会去帮助夫妻训练积极语言和积极行为，我们要坚定地贯彻这个宗旨。所以，叶女士的故事中，她老公说没有激情了，没有意思了，这背后就是缺少夫妻之间的甜言蜜语。

这个时代，人们在渴望开心。开心就是既要有人带给你开心，也要有自己内在的开心。我们要学会自己"骗一骗"自己，别人也要学会"骗一骗"我们，我们也要学会"骗一骗"别人。所以，为了更好地相处，大家对另一半说话嘴上一定要抹上油、抹上蜜。

积极语言，不尽是讲好听的

然而，夫妻之间的积极语言，也不尽是讲好听的。有时不好听的，比好听的还有效果。比如，"你要再这样下去，我不跟你过了！我告诉你，一点儿意思都没有！你看一看，该吃饭的时候你不吃饭，身体坏了怎么办？！"这几句话一说，对方就能够感受到你在关心她（他）。

所以，积极语言不只是讲好听的，有时甚至是发脾气的、是愤怒的。

好多人认为，只要我和颜悦色，那事情就会往好了发展。错！有时候，你发发飙，吵吵架，讲一些狠话，对方听了会更珍惜你。比如，你讲几句狠话："你别走！你要走了我怎么办？你要是敢走，你就再也别想见着我了！"其实，这时候的狠话传达的是强烈的感情，两性关系之间有时就需要这样亲密的狠话。

夫妻之间积极语言的核心，是传达对彼此具有建设性的观点，是表达真挚的爱和关心，是表达亲密的依恋，是对彼此感情的推动，能够使婚姻向前发展，能够使婚姻质量提升。

所以，积极语言也不必把每一句话都讲得很好听，只要不是伤害对方的，不是出于恶意的，不是情绪化不负责任的，不是个人发泄的，是建设性的，就可以。

希望每一个人都能够成为会沟通的人，因为我们需要跟别人说话，所以要会说话，要会倾听别人说话。

心理成长体验

在生活中，当你面对爱人时，或者当你和爱人互动时，想象自己此刻是一台照相机，在心里默数"1、2、3"，心里默念"咔嚓"，然后把眼前的画面定格在脑海中。

接下来，自己在内心对这张画面进行客观描述："我看到……"在描述时，就像照相机一样客观呈现画面，不掺杂自己的任何观念、解释、分析、评判、总结，不添加任何带有主观体验的词汇。例如："我认为""我觉得""他就是""她因为""他是为了""总体来说"之类带有观念、解释、分析、评判、总结内容的词句，都是不可以使用的；"认真""美好""很丑"之类表示主观体验的词汇也是不可以添加进去的。

参考文献

1.张掌然.交际艺术品评[M].武汉：华中理工大学出版社，

1997：1,58.

2.[美] 罗兰·米勒, 丹尼尔·珀尔曼 . 亲密关系 [M]. 北京：人民邮电出版社，2011：153-170.

3. 丛扬洋 . 萨提亚模式与自我成长 [M]. 武汉：武汉大学出版社，2015：233-237.

4.[德] 伯特·海灵格 . 爱的序位：家庭系统排列个案集 [M]. 北京：世界图书出版公司，2005：1-3.

5. 马莉,MaLi. 家庭心理剧治疗对抑郁障碍患者家庭功能的影响 [J]. 齐鲁护理杂志，2012, 18(9)：10-11.

6. 韦志中 . 本会团体心理咨询实践 [M]. 广州：广东科技出版社，2008：51-52.

7. 陈虹, 严小萍 . 积极心理学视域下的积极语言研究 [J] . 基础教育参考，2016,17：3-6.

8. 韦志中, 余晓洁 . 画心：绘画心理治疗师的心灵透视课 [M]. 北京：台海出版社，2019：100-122.

第十四章

性生活，要讲究内心感受

随着人类的发展，性的功能也在发生变化。以前，从进化的角度来说，性就是为了生育，繁衍的功能排在第一。而现代人过性生活，更多的时候根本不是为了生孩子，而是为了两个人之间感情上的连接，为了生理上的满足和心理上的愉快体验。

我们进行婚姻辅导的时候，发现很多夫妻因为在性方面不和谐，而导致了关系水平下降。

如果给性生活的能力定一个评分标准，非常好的算 10 分，比较好的算 8 分的话，那么人们一般只有 5 ～ 6 分。这里面有很多知识、技巧和方法，很多人确实不懂。

适度性生活的益处

从健康的视角来看，适度、和谐的性生活对于男女两性的健康均有很多益处。中国人提倡"节情导欲"，西方人主张性生活要有规律。

据西方性学家研究，有规律的性爱可以让女性增加雌激素分泌，让容貌更年轻，让皮肤更光滑，头发更亮泽，还利于保护骨骼健康，预防骨关节炎；性爱可以让眼部肌肉获得充分放松，有助于保护视力；性爱可以帮助女性锻炼骨盆底肌肉，减少尿液渗漏与失禁次数；每周三次性爱可让心脏病与中风风险减半；性爱间隔不超过三天，可让男性的精子质量更新鲜；性爱是天然镇静剂，对于男性来说，一次5～10秒的性高潮有助于快速入眠，而女性长达4～5分钟的性高潮可以让身心愉悦，有利心理健康。

从斯腾伯格的爱情三角形来看，性爱同步参与着爱情三元素的建构。男女两性相互吸引，一起进行愉悦的性生活体验，是"激情"的主要成分。在性爱中产生的愉快心情也在增进着"亲密"体验。抚摸、前戏、性高潮均能促进后叶催产素释放，让人心情愉悦，产生想与伴侣更亲密的感受。满足彼此的性需要，也是婚姻中"承诺"的重要部分。

从人的心理需要来看，美好的性爱还能够满足人们对于"自主"和"能力"的需要。自主、美好的性互动，愉悦、满足的性体验，会提升人们的自尊和自信水平。这些都有利于人格的发展和完善，对人类满足自我实现的需要也贡献着一分力量。

性体验对婚姻的作用

有一对情侣，羿刚和美美，他们在刚恋爱时，彼此都是很惊喜的。美美从未接触过其他男性，羿刚对美美的羞涩和躲闪感到非常开心，两人体验着爱情带来的甜蜜和幸福。

他们在相恋两个多月时，第一次发生了关系。从此以后欲罢不能，每一次都激情无比。相恋一年后，他们结了婚，这样激情的状态又持续了一年多。

后来，他们的工作双双陷入了瓶颈期。尤其是羿刚，感到压力很大，仿佛脑袋里有片乌云老在压迫着自己。晚上回家时，美美希望能被丈夫抚摸一下，羿刚也只是简单敷衍一下。美美想亲近时，羿刚就说自己很累。他们只是偶尔才有一次夫妻生活。渐渐地，美美发现自己干枯了，身体自始至终都是疼痛的，她为自己感到自卑。

让美美最难以忍受的是，他们连亲吻都没有了。美美问羿刚："你不和我亲吻，那我该和谁亲吻？难道我这辈子都不能再亲吻了吗？"羿刚说："有些事没有办法，只能接受。"

渐渐地，美美发现，原先流动在两个人之间的那种温软的情愫也消失了。他们开始为一些琐事真正地生气。美美发现自己的表情和心灵都是僵硬的。她开始不想和羿刚有任何的身体接触了，连他的鼾声、他呼吸的气味都让她反感。

后来，美美在一次出差中，在鼓浪屿的海边遇见了阿南。那天，海风吹拂着美美，让她分外陶醉。她一个人坐在海边，感到心情平静。夜幕降临，满天星辉，加上体内酒精上头，美美开始有一些眩晕。就在这时，帅气的阿南走到美美身边。两个人情不自禁吻了起来。这一吻，让美美感到很舒服，他们很久都不愿意放开对方。美美感到身体在那一刻不受大脑的控制，她甚至开始不顾一切地咬起阿南来。在漫长的亲吻结束后，阿南让美美去他的房间，美美犹豫了一下拒绝了。

第二天，阿南请美美吃饭，再次邀请美美去他那里。尽管喝了很多红酒，但美美残存的一丝安全意识，让她再次拒绝了阿南。

回到家后很长一段时间，美美都感到对丈夫有点内疚。羿刚后来调到外地工作，聚少离多，稍稍改善了他们的性生活。虽然勉强和谐，但美美内心再也没有了当初的柔情和期盼。美美不敢把对性生活的不满告诉羿刚。她想和羿刚好好沟通一下两个人的感情，但每次他都说不想讨论这个话题。羿刚在电话中可以跟美美讲一晚上他对他们将来生活的规划，但两个人见了面反倒无话可说。他们的交流越来越少。美美对这种生活厌烦透了，一方面渴望性，另一方面又厌恶自己的渴望。她感到窒息。

在实际的婚姻生活中，人们体验到的性发挥的作用，是很值得关注的。对于美美来说，她的起点就高，她谈的第一个男朋友，就给了她很高的性启蒙。性对于她来说，对婚姻生活中的感情交流、生理满足、自信、自尊等很多方面起作用。在性方面，家庭教育的程度是完全不同的。

在男女关系中，对于每个人来说，性生活起到的作用都是不一样的。大家虽然看起来都差不多，但实际上由于性价值观不同、对性的心态不同、性知识水平不同、性技巧不同、性适应能力不同，会让性体验不同，那么性在婚姻中发挥的作用就会很不同。有的人把性生活作为男女关系交往的润滑剂，或者是手段，或者技术，或者是方法。有的人就并不在意。

从具身认知，看性的身心作用

有的人说，两个人谈恋爱，有没有发生过性关系，感情深度是不一样的。发生了性关系之后，关系会更加甜蜜，感觉会更加美好。如果分手的话，在和发生过性关系的恋人分手时，就会特别痛苦。如果没有发生过性关系，分手之后过一段时间就好了，至少痛苦的程度没有那么深。

心理学有一门分支学科叫作具身认知心理学。具身认知的实证研究发现，人们的身体直接参与认知过程，影响着人们的思维、判断、记忆、分类、概念形成，影响着情绪、情感形成。我们曾经邀请叶浩生教授在 2015 年第五届本会团体心理咨询学术论坛上做报告。叶浩生教授做的就是关于具身认知的报告。他讲到梁朝伟和汤唯演的电影《色戒》，就是从具身认知的角度讲的。具身认知理论主要指生理体验与心理状态之间有着强烈的联系。生理体验"激活"心理感觉，反之亦然。

我们本会团体的"人生五味茶""人生五味糖"心理技术，就是基于这个原理而发挥作用，让我们能够回到记忆中再次去体验过去发生的事，以全新的视角来看，从而改写心理体验。

中国有一句谚语叫"一日夫妻百日恩"。《色戒》里，女大学生王佳芝的任务是要把汉奸易默成杀掉，可是，他们在一起后，她就发生改变了。后来，在最关键的时刻，她把他放走了。我们知道，她不只是杀手，她还有信仰。那时候，革命的意志是很坚定的，有很多革命英雄不惜牺牲自己的生命，来完成艰巨的任务。在那种坚定的信仰背景下，他们都能通过身体的接触和互动之后改变想法。所以，一日夫妻百日恩，"恩"就是一种心理体验。男女之间有一次性的互动，产生的体验是很长久的。他们两个人很可能是在性生活中达到了身心体验的最高峰，体验到了福流的状态，所以使她发生了根本的改变，她爱上了他。

所以，满足性的生理需要的过程，也会影响心理，也会影响行为。有些夫妻在吵完架之后，通过一次满意的性生活，就把事情化解掉了，这就是"床头吵架床尾和"。

用性爱沟通感情，关键在于爱

有一种观点认为，如果一些男性不太擅长用言语来交流感情，可能更需要通过性这种私密的沟通方式来维护亲密关系。

这里需要注意，如果男人在性活动过程中，不懂得满足女性对于感情交流的心理需要，在过程中不注意，显得草草了事，或者像例行公事，原本想增进感情，或者想化解一些矛盾，结果就会弄巧成拙，事与愿违。对于女性来说也是一样。如果女性不够投入，男性可能会觉得女性在应付。男性因这种被应付的体验而失望的话，那么两个人沟通感情的结果也会很糟糕。这种情况对夫妻的心理伤害就会很大。

性技术是性能力的一部分，性能力还包括爱的情感本身，包括积极的情绪，包括用抚摸、亲吻和语言表达爱，包括性生活的技巧、方法，等等。性能力包括身体的机能和性技术。如果身体机能不错，但是因性技术不够而显得敷衍的话，就会达不到沟通感情的效果。

关于性能力，我们在临床咨询中发现，人与人之间并不需要进行性能力比较。那么，人们为什么还会觉得有的人性能力强、有的人性能力弱呢？原因就在于心理层面。从性心理角度来说，越是心理资本强的人，积极品质多的人，做事情的成功率就越高，那么性行为也是一样的。所以，自信的人更容易让别人觉得其性能力强。有的人性能力暂时减弱，在排除生理因素之外，可能是跟心理因素有关，例如自信水平下降、自尊受到打击、压力过大、心情不好等。

夫妻之间想要沟通感情的时候，要以心理感受为主。沟通感情的关键，就在于让对方感受到爱。当对方感受到爱，至于性活动多长时间，有没有达到性高潮，这不是最重要的。比如，可以温柔地抚摸对方。皮肤是人体接受外界刺激的最大感觉器官，对身体任何皮肤的抚摸，都可以让对方感受到爱，而不要局限于仅仅抚摸唇、颈、背、腹、脚等性的敏感区域。亲吻额头，也会产生强烈的情感交流的效果，因为大脑前额皮层是情绪、情感活动的重要脑中枢。有的人身体机能强，不需要太多的抚摸和亲吻，更多地通过充满爱意的举动让对方满足。当产生高潮的时候，男女两性都会在心里产生舒服和快乐的感觉，也是能达到效果的。这种情况也是不在于身体感受，而在于爱。在这过程中，让对方感受到真诚的爱。

女性大多数还是看男性的态度和行为，看男性是不是爱自己。女性的性生理体验与爱的心理体验之间，是水涨船高的关系。越亲密，爱的心理体验越强，就越会促进生理的体验。生理的舒适体验也会促进心理上的亲密。

所以，我们要避免两个误区。第一个误区是，认为两个人吵架之后，过一次性生活就可以解决了。在这过程中如果草率或者应付，结果会更糟糕。床头吵架床尾和，也需要彼此感受到爱才行。第二个误区是，过于注重过程的外在表现，而忽视夫妻双方的内心感受。双方一定要让对方感觉到真诚，这是很重要的。

心理成长体验

如果你单身，练习跟着节奏欢快的音乐跳舞，可以随意舞动身体。跳舞时觉察身体哪些部位比较放松，哪些部位比较紧张，对紧张的部位进行抚摸，并且通过深呼吸放松这些部位。

如果你有伴侣，在性爱之前，播放一些两个人都喜欢的或悠扬或欢快的音乐，一边听音乐，一边用抚摸、亲吻等动作伴随着舞蹈动作进行爱的情感交流。

参考文献

1.杨鑫辉.医心之道[M].济南：山东教育出版社，2012：114-116.

2.[美]罗兰·米勒，丹尼尔·珀尔曼.亲密关系[M].北京：人民邮电出版社，2011：289.

3.叶浩生.具身认知的原理与应用[M].北京：商务印书馆，2017：51-56,68-69.

4.冯国川.性爱好处新发现[J].人生与伴侣（月末版），

2011(11)：32-32.

　　5.吴惟文．性爱的9个好处 [J].武当,2010(10)：51-51.

　　6.沈政，林庶芝．生理心理学 [M].北京：北京大学出版社,
2007：155-157.

第十五章

**不同年代的婚姻价值观
与跨文化的能力**

每个年代的人，对于婚姻都有不同的价值观。不同的价值观，决定了每个年代的人们对于婚姻的不同态度，决定了人们在婚姻中的体验，决定了人们在婚姻出现问题时怎样面对。这些都关乎着人们的幸福，因此是很值得关注的。在本章中，就来谈一谈不同年代的婚姻价值观。从"70后"开始，人们在面对家庭文化冲突时会出现难以适应的情况，因此，在本章中也针对这一点来深度谈一谈面对婚姻冲突时跨文化的能力。

首先，我来谈一谈，根据我二十年的婚姻咨询观察以及社会观察，总结出的"60后""70后""80后""90后"不同的婚姻价值观。

"60后"，守在阵地上

"60后"的人们，受文化和环境影响，普遍坚守在婚姻的阵地上。他们不会放弃婚姻，再苦再累都要留下来。"60后"的婚姻并不是问题少，而是他们能忍，就是"咬定青山不放松"。在"60后"人们的字典里，就没有要"分开"这样的字眼。所以，他们绝大部分人都能够守住婚姻。

"60后"的婚姻家庭里，丈夫往往是一个温暖又孤独的背影，妻子往往是一个坚忍能吃苦的侧影。夫妻俩搭伙过日子，望子成龙、望女成凤，传扬好家风、好家教，注重对子女的文化教育。"60 后"的夫妻，孕育了大部分当今社会的中坚力量——"80 后"。

"70 后"，冲突中前行

"70 后"是矛盾的一代。"70 后"的父辈对他们的教育是要以家庭为主，而他们面对的社会成长过程又是以自我为考量的。因此，他们在冲突中前行。

"70 后"面对婚姻中的家庭文化价值观的冲突，面对自我角色的不匹配，有时候想要放弃婚姻，有时候想要留下来，有时候觉得要努力一下，有时候又觉得有点亏。"70 后"的人们，面对婚姻自己想掌控却掌控不了，又不愿意妥协。"70 后"对于离婚通常会有这样的担忧：对长辈不"孝"，对子女不"道"。他们会担心子女认为自己道德败坏。因此，他们即使要离婚，也往往会一直坚忍到子女长大了，对自己的牵绊少了，长辈也老了，给自己带来的压力小了，这时候有些人会选择走出婚姻。

如今，"70 后"的人们，有些已经走出了婚姻，有些还在摇摇欲坠，还有一些在坚守，还有一些守住了阵地，把婚姻经营得不错。如果有可以学习成长、提升婚姻质量的机会，"70 后"中有很多人会选择努力经营，让婚姻幸福起来。

"80后"，快乐织巢鸟

"80后"，我称他们为"快乐织巢鸟"。因为"80后"这代人的一个特点，是他们要自己买房子。

为什么比喻成织巢鸟？鸟要结婚就得织一个鸟窝，然后让其他鸟都来参观，喊一声："我的房子盖好了，都来看！"然后，那些鸟叽叽喳喳都来了，就看哪只鸟愿意留下来。"80后"都在努力地追求买一套房子，过一份安稳幸福的生活。

"80后"是更积极乐观、更快乐的一代，所以，他们是快乐的织巢鸟。在面对婚姻过不下去时，"80后"也会更有勇气选择离婚。

"90后"，游戏人生

"90后"对婚姻的态度，叫"游戏人生"，就像林志颖演唱的《戏梦》中的一句歌词："今天爱你，明天爱他，到底谁爱我？……"

游戏人生，不是消极趣味，而是我要快乐，我要开心。"90后"一出生就是网络发达的时代，他们是在虚拟中习得掌控感的人，他们需要自己掌控人生，不可能被别人掌控，既不愿意被房子掌控，也不愿意被父母掌控。

"90后"是更有独立人格、更有自尊的一代，他们在婚恋中彼此尊重程度比较高。与"80后""90后"相比，"70后"的彼此尊重水平相对较低。因为"70后"更多的是讲究你中有我、我中有你。"60后"则认为，你的就是我的，我的就是你的。

婚姻经营，要有跨文化的能力

在上文《一张床，六个人》中，谈到了婚姻中的家庭文化冲突。在本章中，我们通过"70后"的一个比较典型的"梧桐女和凤凰男"的婚姻故事，再来深度谈一谈婚姻经营中跨文化的能力。

有一位孙女士，1971年出生。她在40岁时离婚了。离婚那天，她觉得心情格外轻松，很后悔没有早点离婚。

原本，他们也是自由恋爱结婚。孙女士家境不错，男友家经济则比较贫穷。孙女士认为爱情比较重要，经济方面可以慢慢改善，于是说服了父母，和男友结了婚。

筹办婚礼的那些天，丈夫家来了十位亲戚，因为觉得住招待所浪费钱，于是一起住进了孙女士的父母家。他们打地铺睡，晚上把袜子脱掉后就放在饭桌上。孙女士和父母受不了，于是她提醒丈夫让亲戚们注意一下。公公却严厉斥责了丈夫，说一大家人供他读完大学，而他翅膀硬了，开始嫌弃家人了。最后孙女士含泪道歉，事情才了结。后来，婚礼办了，公婆临走前告诉她，等生了孙子，就过来帮她带。

孙女士的父母已经对亲家忍到了极限，于是，孙女士决定在没有自己的房子前，坚决不要孩子。没想到，有一次，丈夫把避孕药换了，孙女士怀孕了，于是偷偷去做了流产。后来，丈夫还是知道了，气得把她大骂一顿。

日子继续过。丈夫家经常有亲戚扛一袋蔬果上门来，每次孙女士都自己掏钱让他们住招待所，丈夫从来不出钱。

结婚三年后，他们终于有了自己的房子。孙女士跟父母借了3万块钱装修房子，丈夫却不同意，说3万块钱可以在老家给他父母盖一套房子了。孙女士很生气，要离婚，却发现自己又怀了孕。她本来准备去流产的，但是被公婆知道了，公婆赶紧带着儿子上门来道歉，他们才把房子简单装修一下继续生活。

公婆也搬了过来，每天热菜热汤地照顾孙女士。孙女士对公婆很感激。公婆在阳台上养鸡、晒菜干，她虽然不是很高兴，但都忍了。孙女士没想到的是，女儿一出生，公婆就变了。孙女士的父母想让女儿每天都喝鸡汤，但公公说："生了个丫头片子，一星期给她吃一只鸡就不错了。"孙女士气得当晚就回了娘家。

从此，孙女士和公婆间就落下了嫌隙。后来，丈夫以他们的家乡风俗是孩子要由爷爷奶奶带才有福气为理由，把孙女士和孩子接了回去。但是，生活里依旧矛盾不断。孙女士和公婆开始相互横挑鼻子竖挑眼。孙女士主张给孩子用纸尿裤，婆婆坚持用旧衣服给孩子做尿布。有一次婆媳为此争执，丈夫还打了孙女士一巴掌。婆婆嚼饭菜给孩子吃，孙女士觉得很不卫生。她想让丈夫跟婆婆说一下，让婆婆不要再嚼饭菜喂孩子了，但丈夫不肯站在她这边。孙女士看到丈夫每月都把大部分工资寄回乡下给亲戚，于是不再交饭钱，只给孩子买奶粉。公婆又骂她是吃闲饭的。

后来，公婆回家帮小儿子带孙子，孙女士感到自己终于解脱了。虽然和丈夫之间感情很淡，矛盾很多，但是孙女士没再想离婚。然而，她没想到的是，丈夫竟然背着她，带了一个年轻姑娘回家。孙女士感到忍无可忍，终于选择离婚。

离婚三年了，孙女士一个人带着女儿生活。她觉得自己过得舒服又轻松，女儿也变得活泼开朗。虽然不断有人给她介绍对象，但孙女士再也不想走进婚姻了。

一天，孙女士和女儿聊起爱情，女儿说只要对方爱她就行了，不管他什么出身什么背景，有没有钱也不重要。孙女士只觉得头皮发麻、冷汗直流，她不希望女儿重复自己的路。

孙女士的故事，让我们再一次看到婚姻里文化的冲突、价值观的对立、个性上的不和，以及关系上的互动模式需要改进，很多婚姻问题，都围绕着这些因素。我们的社会已经非常需要婚姻家庭教育。

跨文化意味着婚姻更精彩

其实，他们的婚姻是好婚姻。我觉得特别好，为什么？两个人为什么能恋爱，就是因为彼此的相互吸引。相互吸引，相互给对方精彩。梧桐女是有城里生活背景的女孩子，能让男方光宗耀祖。而农村的男孩子来到城里，这位凤凰男能给女方家庭带来一位上进的女婿。从大的家庭背景来说，是特别好的。

　　双方家庭文化的不同意味着什么？如果家庭文化都一样，确实看起来更容易融合，但是少了更多精彩，也少了更多尝试新事物的机会，也少了更多可能性。

　　跨文化的好处是什么？父母们之所以送孩子去国外留学，就是因为跨文化的能力将成为婚姻经营中很重要的一种能力。我们经营婚姻家庭也好，做心理咨询也好，做社会工作也好，都是基于跨文化的问题。如果没有跨文化的能力，就不能理解别人。在汶川做地震的危机干预时，我就学了四川话。因为老百姓都是讲四川话的，即使我讲得很糟糕，但是他们听得懂，就会觉得亲切。这就是跨文化，要主动地跨过去，不要怕会失掉自己。

　　人类在试图消灭文化的多元性，这是不对的，而且也消灭不了，因为地域的不同就决定了文化的多元。在尼泊尔，沿着喜马拉雅山的山脉，低的地方海拔几百米，高的地方海拔几千米。住在 800 米海拔的人与住在 1200 米海拔的人语言都不同，因为气候不同、文化不同、信仰不同，所以，尼泊尔这样一个小国家就有一百多个民族，而且每个民族语言都不一样，服饰也不一样，信仰也不一样。我们做任何工作都需要跨文化，那么在婚姻经营中为什么不考虑这个问题呢？

　　孙女士根本没想到要跨文化，她丈夫也是，他们都没有这种意识。她丈夫也没有尊重自己的妻子和妻子的原生家庭，还有些愚孝，激化了双方的矛盾。

找对了人，还需经营得当

我们不要觉得这是一个找对象找错了的问题。有人会有这个误解，会认为另一半没有找对。其实，并不是没找对，而是没有认识到位，没有经营到位。现在，已经离婚的孙女士又在和文化对抗，因为女儿的爸爸、爷爷、奶奶依然不会改变，还是要经常见面联络感情。孙女士记住的，都是她耿耿于怀的，她把很多关注放在了自己口口声声说的不在意的人身上。孙女士说她再也不想走进婚姻，这是最大的失败和悲哀，因为她依然还生活在与前夫的婚姻体验里。

所以，学会跨文化的能力，是经营幸福婚姻所必需的能力。只要自己人格独立，公婆哪怕是重男轻女，也是可以跨越过去的。

其实孙女士在婚姻开始时，本来没有多少大的事情。婆家人来到城市里，为了省钱，打地铺睡，后来婆婆在儿子的新家养鸡、晒菜干，这些在那个年代的农村人看来，是很正常的，因为他们就是这样生活的。她如果真有一份理解的话，那么就要尊重他们这样的生活方式。她应该这么想，因为嫁这个丈夫，家里多了那么多精彩，多了那么多亲戚。而且来的形形色色的人，每个人身上都有故事。她却不把这些当成资源，只看见自己家被打扰了。

一开始，她找这个男友就是因为和她不同而被吸引，后来，她又不接受这个不同，这就是她的问题。孙女士和她丈夫在一开始生活时，磨合期确实要比别人付出更多。但是，付出之后，她就比别人享受得更多。因为她有乡下的婆婆，人家没有，要懂得感恩，要懂得享受生活。这其中她的父母也有很大的责任，父母对女儿的离婚推波助澜了。

新时代婚姻，讲究"心门当户对"

孙女士和丈夫家境不同，按照传统的观点，他们是门不当户不对。然而，随着时代的进步，旧的阶级门槛被打破，门当户对的择偶观已经渐渐被人们更积极的择偶视角所取代。

如今，一个人的幸福和成功更主要依靠完善的人格、积极的心理品质、坚实的心理资本，对自身责任的认识及行动力，依靠自身的奋斗，以优秀的品德、修养和得体的言行去建立良好的人际关系。

因此，新时代，选择婚姻要讲究"心门当户对"。主要是指心理健康的相匹配、价值观的相匹配、性价值观的相匹配。

允许孩子自由选择婚恋

前面讲到的故事里，孙女士是"70后"。如果她是"60后"，她就会忍受下去了。她的女儿是"90后"，她看到女儿的爱情观，觉得女儿会重蹈她的覆辙，她把自己婚姻的不幸福归因为当初只要爱情而不管其他。她自己过得不好，就开始管理自己孩子未来的婚姻。如果她自己找到了爱情，她就不会这样担忧自己的女儿，而且她女儿的价值观跟她完全不同。

父母对于孩子的婚恋通常都是干涉不了的。但是父母不是因为干涉不了而不干涉，而是要懂得给予孩子自由。

孩子有自由，才会发展出独立的人格。独立的人格，是在婚姻爱情中能够走下去的必备心理条件。有独立的人格，才会有自尊、自信和自爱；有足够的安全感，有尊重、理解、接纳、支持别人的能力，有跨文化的适应能力；会看见对方的优点，看见对方的付出，会懂得感恩对方和对方的父母，会珍惜彼此的关系；在和对方相处时能够自如地调控好把自我放在对方身上的比例，而不至于完全地失去自我，失去自己决定自己幸福的权利；在遇到人生风雨时拥有独立的决断和勇气，而不是等着另一半来做决定，耽搁掉解决问题的最佳时机。

孙女士的故事中，如果她的孩子没有真正的自由，没有独立的人格自我，想让孩子有力量去爱自己、爱别人，那是不可能的。一定要让她自由地成长，快乐地成长。人生旅程中，最重要的就是这个部分。

很多人不去面对自己的问题，就轻易做出评判，做出决定，这是不对的。只有面对问题之后，你再做出选择才是对的。孙女士就是没有面对问题，而且一直在逃避，这与面对之后自由地做出一种选择，是不同的。她在面对问题之后，对于女儿的婚姻爱情，才会有放手的能力。

跨文化的"三不要"原则

我们在婚姻中进行跨文化相处时，要注意明确"三不要"原则。

第一，不要因为对方而去改变自己。如果你试图改变自己，向对方妥协，你会发现，你改了之后，对方有可能就不要你了。两性关系中，对方看中的就是你本来的样子。所以往往你为对方改变了，人家却不喜欢你了。所以，做自己就对了。你越接纳真正的自己，越有人爱你，你也越有能力对别人好。

对方可能就是喜欢你的个性。比如说，你是一个爱发脾气的人，有的人就是喜欢你发脾气，要有自己的个性，否则你还有什么趣味呢？有一句话叫：好看的皮囊千篇一律，有趣的灵魂万里挑一。我们要永远相信这一点，只要真诚了，彼此才会觉得舒服，心理才会越来越健康。

第二，不要试图让别人改变。你试图让别人改变，那么你将一辈子吃力不讨好，这也是不可能实现的。

第三，不要拿别人的错误惩罚自己。孙女士就是在拿别人的错误惩罚自己，而她现在又想控制自己的女儿。当初她的父母还能够允许她有自己的选择，而她已经不允许她的女儿自由选择了。她对婚姻经营能力的逃避，正在变种出一颗不好的果子。

所以，这三个"不要"：不要因为对方改变自己，不要改变对方，不要拿别人的错误来惩罚自己。请大家记住，永远不要！

心理成长体验

画一张自己的自画像，在画的过程中觉察自己内心涌出的情绪。

画完之后，写出自己最与众不同的一个特点，然后，针对这个特点，写一首诗送给自己。

参考文献

［美］兰迪·拉森，戴维·巴斯.文化与人格[M].北京：人民邮电出版社，2013：158-168.

第十六章

再婚家庭的经营

现在离婚群体越来越多，可再婚群体却不多。我国的婚姻家庭其实不怕离婚，怕的是什么？怕的是不再婚。就像我们上一个故事讲的那样，和丈夫离婚，带着孩子生活，这没有什么不可以接受的，只要自己幸福快乐就好，最害怕的是她没有爱的能力，她原来的创伤处理不了，对婚姻有了芥蒂。

家庭中的血缘关系

为什么有些人会对再婚有芥蒂呢？家庭中的血缘关系就是一个诱因。中国人有"种"的概念，对孩子会区别对待，这是自己的"种"，就要自己养着；这不是自己的"种"，心里面就会有顾虑，在抚养的时候也不会那么尽心尽力。

如果是亲生的，好像亲爹怎么打都没事，亲娘怎么骂都没事，这就是中国人的伦理。当年豫剧大师常香玉，她父亲带着她逃荒到宝鸡，在一个窑洞里住着，父亲教她唱戏，唱得不对就打，打得浑身是伤。有人看不下去，以为他是人贩子，就要去揍她父亲。常香玉说："这是我爹，我亲爹。"人家一听是亲的，就不打她父亲了。

如果没有血缘关系，就算做得再好也会被别人挑刺。比如说妈妈今天做了一顿饭，不太好吃，女儿回来把碗一摔："这是什么饭？不想吃了！"父母是不会在意的。可媳妇如果说一句今天饭不好吃，婆婆立马就不高兴了。所以，我们的社会中总是有一个结构式矛盾：媳妇永远不如女儿。这就是很多人的伦理文化，这种文化根深蒂固，很难消除，所以再婚时就要考虑到这个因素。

如果是单身妈妈带着孩子，她们会考虑未来的后爸会不会对孩子好，能不能接受孩子。很多女性会考虑说，干脆再婚的时候找一个不再要孩子的男人。有些带着孩子的男性，干脆就不结婚了。我身边也有一些这样的事例，离了婚之后本来还有大好青春，但是担心再婚后对方对孩子不好，就一直没有结婚。等到孩子读大学了，突然就失落了，因为孩子离开了他们的身边，他们变成了孤零零的一个人。可此时很多事都已经改变不了，一些人也无法挽回。

也有些夫妻会担忧，如果离婚的话，孩子不认我了，怎么办？万一孩子的后爸／后妈对孩子很好，孩子不和我亲近了怎么办？所以，很多人再婚，往往是很艰难的，会有很多心理负担和压力。

我们会重视血缘关系，但是西方人却不是很看重这些，孩子不管是不是亲生的，只要生活在这个家庭中，他就是自己的孩子，即便是领养的，也要倾注一生去爱他。乔布斯从小连亲爹都没见过就被抛弃，养父母从他还是小婴儿时领养了他。通常，领养这件事，家长都会藏着掖着，不告诉孩子的，害怕他们自尊心受伤，但乔布斯从小就知道自己是被领养的，他不觉得自己和旁人有什么不同。直到一个邻居小妹问他："你亲生父母不要你了吗？"乔布斯跑回家大哭，但父母严肃认真地告诉他："不是，是我们专门挑的你。"正是在养父母这种爱的教育下，乔布斯长大后才会在事业中创造了那么多辉煌。就像乔布斯在自传中谈及他的父母时说："他们只是生我育我的精子库和卵子库而已""我只有一对父母，那就是我的养父养母"。

一个有创伤的家

下面我们来看一个故事。

有一个女孩小王，当初决定要和一个丧偶还带着孩子的男人结婚时，妈妈曾劝过她，后妈可不是好当的。但是小王觉得，只要付出努力和爱，一定会和他们家人和平相处的，大不了以后不要孩子，小王会把他的女儿当作自己亲生的一样。男人知道小王的决心后，很感动，表示以后会好好对待小王。

小王知道结婚后要和老人、小孩一起住，男人的女儿名叫文文，老人是男人前妻的妈妈，也就是小孩的姥姥。男人说，老人很可怜，中年丧夫，老年又丧女，身边没有一个人照顾，就把她接来一块住了。还说老人受到了很大打击，脾气有点暴躁，希望小王多多忍让。小王二话没说就答应了。

自从嫁到男人家后，由于男人经常出国，所以，文文和姥姥一般都是由小王照顾。小王对老人毕恭毕敬，只要下班回家，家里的活小王都会抢着做。过去单身时，小王从来没做过饭，现在买来菜谱开始学习广州菜。由于老人是广东人，吃得清淡，所以小王一般都是做广州菜。

可是，住在同一个屋檐下，不对眼儿的地方总会有的。由于小王工作忙，每天回家都是七八点，之前都是在外面随便吃一点。可老人嫌外面的饭菜不干净，又花钱，就执意要小王回家吃饭。小王不想违背老人的心意，就同意了，每次下班就急匆匆地往家跑，可是回到家做好的饭菜早就凉了。小王想买个微波炉热一下饭菜，老人就说浪费电，电费贵，不同意买。还有小王怕热，一回到家就会开空调，老人也会抱怨。

小王觉得可能是老人的钱不够用了，就对男人说要给老人一千元的电费钱。男人说不用，可是不知道男人对老人说了什么，第二天小王下班回来，发现家里的空调全都开着，窗户也大开着。小王觉得好奇，就问怎么了。谁知老人却说："你不是有钱吗，有钱就使劲用呗，别好像我把你丈夫的钱都装自己兜里似的。"小王着急地解释，正说着，女儿文文突然走过来说："你有钱你留着花，我姥姥花的是我爸爸的钱，不要你来管。"当时小王就愣了，一直以来她自认为与文文相处得挺好。漂亮衣服、进口玩具、山地车，只要文文想要的，小王都给她买，文文对小王也挺亲热，这是怎么了？小王不想在文文面前争吵，只好认错，然后回房间蒙头大哭了一场。小王想在男人那里找点安慰，结果男人一听小王说委屈就会很不耐烦。小王感到无奈，只有自己受着。

类似这样的事件还有很多。有一天，小王在客厅里看电视。老人过来说："文文在做功课，你开电视吵到了她。"那时文文正在吃苹果，小王就反驳了一句，结果老人"啪"的一声就把电视关了，大声说："文文做功课！"当时小王很生气，家里最大的卧室一直是文文住着，小王和丈夫的卧室很小，根本放不下电视。小王说："文文做功课可以进自己的房间啊，她房间有书桌，有电脑。"老人说："这房子是我女儿女婿的，我外孙女愿住哪间就住哪间。"小王一气之下打电话让丈夫回来。小王说："我们本来是有自己的房子的，要不是住在这里，文文上学方便，我才不愿意待在这呢。既然老人不想让我住，我们俩搬到那边去吧。"谁知丈夫一听大怒，说："什么女人呀你，刚结婚不到一年，就让我抛弃一老一小，我是不会扔下她们不管的，要搬你自己搬。"

后来，小王实在气不过，就搬回了自己的房子。可男人回来后，一个电话也没给小王打过。小王觉得彻底死心了。她打算就算孤独终老，也绝不会再走进那个家。

这个家庭是有心理创伤的，丈夫是中年丧偶，老人是老年丧女，文文是少年丧母，这是人生三大悲剧，恰好三个人都碰上了。那这些创伤该如何缓解呢？一定是要经过他们自然疗愈，或者是专业的处理，才能真正地告别那个悲伤。这个故事中的小王已经做得不错了，她人格方面也很健康。但实际上她不知道，她进入了一个哀伤的家庭，而她把他们哀伤的表现当成道德问题。老人对她不好，女儿对她不好，丈夫对她也不好，这样的婚姻已经完全没有了继续下去的必要。如果小王在恋爱时能明白这个家庭现在正处于悲伤的氛围中，她就不会马上走进这个家庭。她可以和男人恋爱，但是不要那么快地进入婚姻。这个男人如果明白的话也是如此。

普通人没有学过心理学，他们不知道自己的情绪从何而来。学过心理学的人，有时候会问自己，为什么刚才突然失控了？这背后的动机是什么？我们会找原因。但是没学过心理学人，他是不会问自己的。所以，老人不知道她的情绪怎么来的，文文也不知道，这位丈夫也不知道。

不要那么快走进哀伤家庭中，要给对方一个缓解的过程。故事中的男人，此时他满脑子还都是前妻的影子，都是他和前妻、孩子、老人在一起生活的幸福时光。小土此时闯进来，这里根本就没有她的位置，她肯定是处处碰钉子的。只有等他们过了这个哀伤期，他们开始面对现实，老人看到女婿需要一个女人照顾了，文文想要一个妈妈了，这时候小王再进入就不同了。

不要急着再婚

有一对夫妻，两个人离婚，妻子丢下儿子改嫁了，之后过得不幸福就又离婚了，然后又嫁了，还是不幸福就又离了，离了之后就回村里看孩子和前夫。但是前夫已经结婚了，他跟现在的妻子生活得很好，两个人一路走来都是手牵手的。后来前妻又回来了一次，一看前夫两人还是如胶似漆的，就气不过回去喝药自杀了。这位前夫有着很强大的心理承受力，他能够从过去的婚姻中走出来开启新的人生，孩子也因此得到了很多关心与爱护。反观这位前妻，她总是生活在痛苦中，虽然一再地改嫁，但并没有得到快乐。现在，她看到前夫和孩子都不需要自己了，她成了多余的那个人了，这生活还有什么盼头？所以就自杀了。

我也接待过很多再婚的家庭，他们真的是雪上加霜，本就是拖了一身的问题没有解决掉，然后就立即走进另一段关系中。为什么这么快速呢？各种各样的原因，因为寂寞，因为需要有人照顾自己的生活，因为要让别人看着自己是有家的样子，等等。正因为各人有各人的打算，双方就会互相猜疑，动不动就会吵架，觉得日子没法过了。其实这些人本来就是有创伤的人，他们在心理上还没那么快能调整过来，以适应新的关系与家庭。

其实，当你刚从一段亲密关系里出来，自我还没有修复的时候，你需要先让自己丰盈，这个过程至少需要两三年。等你回归到自我的状态，才能以一个饱满的自我再去谈恋爱。不能因为孤独、寂寞、恐惧，或是其他原因，你就随便找一个人再婚。也有从婚姻里出来很快就结婚了，并且还过得很幸福，这种情况一般是在婚内就有苗头了，可能还没离婚时两个人就好上了。这种做法是不鼓励的。实际上，正是由于还没离婚，两个人就好上了，反倒会在心里种下危机的种子，双方都会对另一方能否对自己一直忠诚有所担忧。

比较理想的再婚状态，是离异双方的关系都处理得比较恰当，对孩子的爱护也都足够，虽说按照法律来说孩子的抚养权交给了其中一方，但是孩子也可以跟对方生活一段时间的。这样就算双方都重组家庭，孩子一样可以来家里生活，双方的家庭也都很爱这个孩子。这就很完美了。

再婚家庭的经营

其实关于再婚家庭的经营，不是那么容易的，需要具备一定的心理品质。一是尊重，尊重别人就意味着要放下一部分自我。亲密关系是两个人的事，只有彼此尊重，才能够长久地走下去。二是宽容。婚姻中有很多事都需要你去接纳、包容对方及其家人，而不再是什么事都按照你说的来做，这就需要宽容。三是忍耐。在婚姻中，可能有一些事长期不能如你所愿，这时你就需要忍耐。四是创新。婚姻里最可怕的是双方的关系像一潭死水，你要想办法搞点花样，制造点小惊喜等。这些是婚姻经营的必备品质。对于再婚家庭，则还需要加上"问心无愧"。

很多人一说起后妈，都是不好的言论。为什么会这样？主要是宣传的作用。河南戏剧《卷戏筒》中的后母对儿子就不好，白雪公主的后妈也是一样。如果没有强大的心理资本，根本做不好后妈这个角色。

不管是后妈还是亲妈，你嫁进了这个家，就不能把自己当外人，你就是这个家庭的女主人了，从法律上来讲你就是这个孩子的妈。如果你唯唯诺诺，害怕得罪老又害怕得罪小，人家一说你就敏感，那这日子就不用过了。孩子做错事了，你有权利批评他。但批评他并不等于你不爱他。你关爱孩子，对孩子好，这才是正常的亲子关系。只爱得却打不得，只哄得却说不得，这都不是正常的关系。但更不能只有打骂，没有爱，那就是禽兽不如了。

夫妻两个人也是这样的。好的关系是什么？好的时候如胶似漆，吵架的时候又吵得热火朝天，刚刚吵完架，夫妻俩就牵手逛街去了，这叫好的男女关系。一直不吵架或者一直吵架的都不是好的夫妻关系。

在一些再婚家庭中，有些父母会把对孩子的愧疚，都归结到新任伴侣的身上，让他们去还自己欠下的债。有时候对方明明已经做得很好了，可他们还是不买账，还在那挑三拣四的，觉得对方这也没做好那也没做好。本来应该是自己的问题，自己对小孩有愧疚，按理说应该自己用实际行动来挽救自己的过错，现在可好，把什么问题都推到现任身上了。现任也觉得很委屈，不是自己的问题还被指责，那这以后的日子还怎么过呢？生活中类似这样的案例就非常多。

不是谁都有资格离婚的，也不是谁都有资格再婚的。我国的婚姻关系中，有很多人被逼无奈才选择离婚，就像那些每天遭遇家暴的，这就要离！

可是，万一以后还遇到类似的问题该怎么办呢？这就需要找心理工作者去辅导。某歌手在专访中自曝，她离婚之后带着三个孩子，看了三年心理医生，才从前一段的婚姻情感里走出来。

总之，再婚家庭要过很多关，过过去的关，过未来的关，过心理资本的关，过内疚的关，过创伤的关，如果这些关都过不去的话，那就不要想再婚了，就好好地自己过。

离婚并不是你的错

有些女性离婚后，会觉得很丢脸，她们觉得自己的婚姻是失败的，被询问家庭情况、婚姻状况时，就支支吾吾、藏着掖着，好像离婚就是犯了天大的过错。还有一些父母，女儿离婚了，就各种教训，觉得家里的脸都被女儿丢光了。这种文化其实是很害人的。

如果在婚姻中受苦，我们就要及时走出婚姻。我们走出婚姻以后，一定要告别过去。我们如果要重新走进婚姻的话，就要具备比较高的心理品质。

在本章临近尾声的时候，我表达一个小祝愿，希望未来的社会，都不是因为有诱因而离婚，不是因为过得太孤独而立马再婚，也不会因为有创伤而不敢再婚。我希望未来的再婚是因为真正地告别了过去，好好地再次启航，带着像 18 岁一样的热情去追求人生的幸福美好。

心理成长体验

请在生活中找 5 件你熟悉的物品，然后赋予每个物品 10 个与以往完全不同的使用方式。请在两周内完成这些创新思考，并且分享给你的家人和朋友们。

第十七章

孩子是婚姻的报警器

我们在做亲子教育咨询和孩子的心理辅导时，会发现一些孩子的问题实则是家庭的问题，要解决孩子的问题首先需要家长接受辅导。反过来说，我们在做夫妻关系咨询的时候，往往也会涉及孩子，当我们从孩子的角度来看夫妻关系时，就会发现很多夫妻矛盾很大一部分是与孩子有关的。

婚姻关系作用于亲子关系

对于婚姻关系作用于亲子关系的机制问题，目前学术界主要存在两种假设，分别是溢出假设和补偿假设。

溢出假设认为，婚姻质量较高的父母会对儿童表现出更多的接纳态度、情感和行为，对儿童的需要也更加敏感，从而使得亲子之间产生更多的安全依恋。但是，在婚姻中冲突比较多的父母，则会把注意力更多地集中在双方的争吵和情绪化行为上，很少去关注儿童的需要，从而导致儿童对父母产生疏离和不信任，引起亲子关系的紧张。

补偿假设则认为，婚姻关系与亲子关系之间是一种负相关。在充满压力和矛盾的婚姻关系中，夫妻双方无法获得情感上的亲密和心理上的满足。因此，父母会转而从亲子关系中寻求补偿，双方对孩子会倾注更多心血，力求与孩子保持亲密的关系。此外，当两人世界变成三人世界后，孩子会花费夫妻更多的时间和精力，此时孩子有可能成为婚姻关系中的障碍，所以良好的婚姻关系可能会排斥亲密的亲子关系。

虽然两种理论假设都对婚姻关系与亲子关系之间的作用机制做出了解释，但溢出假设获得了更多实证研究的支持，而支持补偿假设的证据则很少。这说明溢出假设更合理，经历不幸婚姻的父母更容易对孩子表现出冷漠和情绪化的行为，从而造成亲子关系的恶化。

研究者还发现，经历低质量婚姻关系的父母，在抚养孩子的过程中，更容易出现矛盾。一方面，婚姻关系的紧张会导致夫妻双方不能静下心来沟通孩子的教育问题，往往一言不合，就会吵起架来，或者直接走人；另一方面，处于婚姻冲突中的父母一方，往往会和对方唱反调，对方想要这样，自己偏不允许，这种行为虽然达到了对抗另一方的目的，但也会使儿童无所适从。可见，父母会把婚姻关系中的矛盾和冲突带入孩子的抚养过程中，进而影响到亲子关系。

妈妈不幸福，孩子也跟着遭殃

婚姻关系会影响亲子关系。当我们从亲子关系的视角来看待夫妻关系时，就会发现很多亲子不和谐问题都是和夫妻关系有关的。不少妈妈可能会有这样的感受：平时觉得孩子挺可爱的，我也爱得不行，可是他一犯点小错，我就控制不住脾气了，甚至还会动手打他，事后想想又挺后悔。下面我们要分享的这个故事，就存在类似的烦恼。

这位妈妈有一个 10 岁的孩子，她在教育孩子的时候总是没有耐心，每次发完脾气后又觉得很后悔。她知道自己的问题出在哪，就是在教育孩子的时候没有尊重孩子，没有及时地鼓励孩子。可就算知道问题在哪也没用，她没办法做出改变。她希望丈夫能够帮助她。以前和丈夫有什么不开心的，丈夫总是会让着她，但是现在丈夫总和她争执。有时候反而因为丈夫的加入，他们会在孩子面前大声争吵。她对丈夫的不满就这样日益积累着。如果孩子稍有不如意的表现，她这些不满就一股脑地发泄在孩子身上。这位妈妈想先从自己身上改，但又怕自己越弄越糟。

这位妈妈把对丈夫的不满全部发泄在了孩子身上。通过打孩子，引起丈夫注意，这显然是下策。上策应该是什么？告诉丈夫，我需要你，哪怕直接告诉丈夫说："你再不对我好，我就打你儿子。"这也比通过打人的方式来引起丈夫的注意好。因为这样至少儿子了解情况，知道妈妈为什么打自己，可能之后儿子就站在妈妈的阵营，帮助妈妈唤回爸爸的爱。这位妈妈一直不说，导致的后果有：第一，丈夫不知道，她打孩子也起不到什么效果，孩子也白挨打；第二，她打孩子，孩子会认为是自己做得不好，惹妈妈生气，长时间下去，会导致孩子形成怯懦、自卑的性格，这是很不利于孩子的健康成长的。

婚姻中的女性不幸福是很可怕的，不光是自己，小孩也会跟着遭殃。双方的战争一旦打响，孩子便成了替罪羔羊。

我记得我刚做咨询不久时，有一个男孩来咨询，他一开始咨询的问题，是他在单位里跟男上司关系不好。他觉得这位上司人品不是很好。我让他说出具体的事实，他说不出来，只是凭感觉，觉得上司为人虚伪奸猾。我就用精神分析的理念去给他做咨询，让他谈谈他和父母的关系，他就讲述了自己的家庭。

男孩在十几岁时考上了中专，读的是电信光缆专业，那个时候考上中专，毕业之后就可以分配到事业单位工作，他被分进了一个电信部门。他的父亲常年不回家，一年也就回来一次，有时候回来了还跟妈妈吵架。他妈妈抱怨自己命苦，感到活着没有希望。他和弟弟妹妹十三四岁了，还跟妈妈一张床睡。有一天，他在上学的时候，家里来人告诉他，他妈妈投井了。他知道妈妈投井后，就赶回了家里。男孩在讲述这些的时候，好像也没有多么哀伤，也许妈妈的死对他来说是一种解脱。因为妈妈生前过得不开心，控制他们，打骂他们。

随后，我就用心理剧的方式，让男孩和父亲对话。结果发现男孩在潜意识里对男性有一种怨恨的态度，因为他对父亲有一种怨恨，怨恨他没有尽到父亲的责任，这种怨恨就泛化到了其他男性身上。这次咨询之后，男孩认清了自己的这种偏见，和领导的关系也慢慢缓和了。他不再带着异样的眼光来看领导，工作也越来越出色了。

我有时候会问一些男性来访者："你爱你的妻子吗？"有人回答："不爱！"我问："那你爱你的孩子吗？"他回答：

"爱！"我说："那你要爱你的妻子。"他问："为什么？"我说："因为妈妈对孩子的爱和教育，直接影响孩子的人格。妈妈过得不好，不开心，孩子也会跟着遭殃的。"可很多人都没有认识到这一点。

加大对女性的帮助

现在青少年问题很严重，我们一开始帮助孩子，后来发现要帮助老师，帮助家长，最后发现只帮助家长效果不大，我们还要帮助他们的婚姻，最主要是帮助婚姻中的女性。

国家颁布《妇女权益保障法》，因为妇女本身就是弱势群体，国家要保护她们。很多人对女性有一种偏见，比如哪家的女人跟别的男人跑了，就会唾弃她，却不知她为何这样做的原因。女人的天性就是母爱，她把自己的孩子抛弃跟别人跑了，是因为她实在熬不过去了。要么就是被男人忽视，感受不到爱；要么就是有家庭暴力，她忍受不了。

国家有《妇女权益保障法》，心理学工作也应该有"女性心理辅导"的概念。现在女性心理学研究者很少，女性心理辅导也基本上没有。女性心理学研究不能只停留在研究女性的心理及其发展规律上，而应该运用一些技术方法服务于女性。

就像费孝通先生说的，人类学是为人类服务的学问，而不是只研究人的学问。心理学也是如此，心理学是为人们服务的学问，而不只是研究人的心理活动的学问。家庭心理服务应该是运用心理学方法，服务于家庭成员的学问，而不是只研究家庭中发生了什么。这就是我们一贯所说的，心理学不要只是高高在上，而应该真正地走下来。

当今社会需要加大对女性的帮助，应该有更多的关于女性健康的公益广告。这些公益广告不仅是家庭中关于"孝"的公益广告，小孩子端盆水，对妈妈说"妈妈我给你洗脚"，也应该有"老婆，你辛苦了"这样的广告。其实关于对父母的孝顺，我们自古就有，我们更缺少的是对女性的关怀与重视。

上文的案例，男孩的问题与家庭因素有很大关系。妈妈没有得到爸爸的爱，她没办法去经营好自己的婚姻，她没有心理能力去教育自己的孩子，这其中与爸爸放手不管有很大关系。

从人性的角度来说，爱护弱者，这是人之本性。就算男人不爱自己，但是为了孩子，女人也应该好好生活。可是，有些女人把男人不爱自己的事实转为愤怒，全部发泄在孩子身上，发泄完之后，还很后悔。后悔是因为作为母亲的良知，愤怒是因为她控制不住自己而产生的那种情绪。女人把对丈夫的情绪发泄到孩子身上，希望丈夫关注到她，但丈夫对她并不上心，她才向自己的孩子下手。

女人控制不了丈夫，就只能控制孩子。孩子往往是妈妈最后的一根救命稻草。现实中个别女性自杀，很大程度上是因为连孩子都控制不了，她连最后的希望都没有了。丈夫对她不好，受公婆的气，回娘家又不能说，孩子又不听话，在她看来自己已经没有活着的意义了，所以就选择自杀。

如果我们都能够重视女性在孩子成长过程中的关键作用，就不会出现那么多的婆媳矛盾，那么多的女性被家暴，那么多的女性自杀的现象了。

小孩是婚姻的报警器

有一对夫妻，家住在东莞。妈妈想让儿子接受更好的教育，就带儿子去香港的幼儿园面试。面试通过之后，她就带着儿子在香港读书。这位妈妈还有一个二孩，那个孩子没还到上学的年龄。现在她带大儿子去香港读书，丈夫就带着另外一个孩子在东莞生活。妈妈每隔一个星期或两个星期才带着大儿子回家一趟。

听起来，妈妈好像是为了教育，想要儿子受到一种比较好的教育才这样做的。可是要一家人分开，这样真的是好的教育吗？况且这种分居状态跟离婚又不一样。离婚的意图很明显，父母都很爱孩子，但两个人不适合生活在一起。而这样为了孩子受到更好的教育而分居，怎么看都像是一种对婚姻的逃避。

其实，有时候两地分居是选择问题。舍弃一些东西，就会获得一些东西。比如，一个人在小县城工作，工资一个月5000元，在大城市就会翻倍，但他舍弃大城市，选择待在小县城，和孩子一起享受天伦之乐。这就是一种选择。现在很多家庭两地分居，是为了逃避。可能夫妻俩在一起就会不适应，会闹矛盾，无法继续经营婚姻，双方就达成了分居的意向。由于工作的原因造成的两地分居，或者是孩子上学造成的两地分居，这背后是有动力问题的，可能就是夫妻双方眼不见心不烦。

还有一些夫妻即使在一个屋檐下，由于心理层面的不互动，也是有隔离的。这是一种婚姻关系的隔离。双方盼着熬过这些年，熬到最后，还是拥有完整的婚姻、完整的家庭，在外人看来，他们还是恩爱得很。这其实是不健康的婚姻关系，对孩子的影响也不好。因为教育是爱的教育，是环境的教育，是父母双方和孩子互动的结果。父母感情好不好，通过言行，孩子是能感受出来的。

现在有一种问题孩子学校，有一部分进入这种学校读书的孩子，就是由于父母婚姻出现问题导致孩子也出现了问题。父母不化解婚姻问题，而是把孩子送进这种学校，这样孩子的问题就显示不出来了，夫妻双方就不会再因为孩子的问题而吵架了，彼此的紧张关系外人也看不出来了。这其实是牺牲了孩子来维护夫妻形象。

孩子不是婚姻中的红灯，而是婚姻中的报警器。孩子有问题了，就是父母的婚姻出现了问题，必须挽救。父母不能打着救孩子的旗号，把他送到问题学校。

因为父母没有爱的能力，没有照顾好自己的孩子，导致孩子出现了问题，现在反过来又说孩子的不是，孩子真是太冤枉了。比如，有的家长带着孩子出去见朋友、见亲戚，总是要求孩子向叔叔阿姨问好，如果孩子不说话，他们就会责怪孩子。其实家长有没有想过，孩子现在表现的一切，都是父母对他教育的结果。父母不老老实实地接受，还迁怒到孩子身上，这是不是太不应该了？

优化夫妻关系

孩子是家庭的代言人，又是婚姻的报警器。父母感情怎么样，基本上通过孩子就能看得出。以前，我们说孩子的问题是家庭造成的，但是我们没有具体说明什么家庭问题造成了孩子的问题。现在发现，婚姻问题对孩子的影响是巨大的。我们应该从孩子身上，看看夫妻关系应该怎么优化，怎么调整。

心理成长体验

每天和孩子相互交流一下今天对自己满意的三件事。把自己对自己满意的三件事真诚地分享给孩子，也认真倾听孩子对自己满意的三件事。在倾听孩子讲述的时候，做到尊重、接纳、不分析、不评价、不建议，可以向孩子描述一下自己听完的感受，例如："孩子，听你说到……（客观描述一下孩子刚刚所说的内容），妈妈心里也觉得很高兴。"

参考文献

1.梁宗保，张光珍，邓慧华等.从婚姻关系到亲子关系：父母情绪表达的中介作用[J].心理学报，2013，45(12)：1355-1367.

2.梁宗保，张光珍，陈会昌等.父母元情绪理念、情绪表达与儿童社会能力的关系 [J]. 心理学报，2012，44(2)：199-210.

3.Easterbrooks, M. A., Emde, R.N.Marital and parent-child relationship: Role of affect in the family system. In R.A.Hinde & J.Stevenson-Hinde (Eds.), Relationships within families: Mutual influences (pp.83-103).New York: Oxford University Press. 1988.

4.Erel O., Burman B..Interrelatedness of marital relations and parent^child relations: A meta-analytic review.[J]. Psychological Bulletin, 1995, 118(1): 108-132.

第十八章
爱情旅程四车道

在两性关系中，两个人的性价值观是很重要的。很多人离婚的时候去办离婚证，问他们为什么离婚，很多人回答："性格不合！"好像"性格不合"就是一个菜篮子，什么菜都可以往里边装。其实有很多时候，我们说的"性格不合"只是搪塞，只是不想表达真实原因而已。性价值观的不匹配可能就是其中之一。

第一车道——严格的婚恋限制

随着时代的发展，我们对爱情、婚姻的很多思想观念发生了变化。新中国成立后颁布的第一部法律就是《中华人民共和国婚姻法》（以下简称《婚姻法》）。

当时的《婚姻法》明确规定："废除包办强迫、男尊女卑、漠视子女利益的封建主义婚姻制度。实行男女婚姻自由、一夫一妻、男女权利平等，保护妇女和子女合法利益的新民主主义婚姻制度。"这是这部《婚姻法》的基本原则。此外，法律还规定："禁止重婚、纳妾。禁止童养媳。禁止干涉寡妇婚姻自由。禁止任何人借婚姻关系索取财物。"这些规定侧重保护妇女的权益。

以前地主都是可以娶几个老婆的，新中国颁布《婚姻法》后，谁还敢娶几个老婆呢？此时的爱情、婚姻、性都是单行道。一个人，如果婚内和其他人搞对象，就是违法的。

恋爱与婚姻的政治化是这一时期的突出特点。婚姻双方如果在政治上没有"门当户对"，就会受到各方的干涉，当然也包括组织的干涉。如果到了结婚的合法年龄，个体还没有结婚，组织方面也会进行干涉。当时，有许多人在种种社会压力下被迫结婚，因为到了岁数不结婚是违反一般行为规范的，不仅会被视为怪异，而且会在实际利益上受到损害，如住房、入党、提拔等都会受到不同程度的影响。在当时社会风气的影响下，有些有文化、有情调的女性故意去找"大老粗"，防止被别人说成是资本主义立场；而有些出身不好的人则设法与出身好的人结婚，以改变本人和子女的阶级地位。

为了保证这种政治化的婚姻秩序，各种惩戒手段被全面地使用。如大学生在高校谈恋爱会被当作严重违纪问题而受到惩罚，这种惩罚通常是将相恋的双方发配到相隔很远的不同单位。婚前性行为更是会被当作伤风败俗和道德败坏受到处分和舆论的声讨。非法同居、婚外情更是相当严重的罪名。

另外，离婚也会受到各种干涉，因为这也是破坏婚姻秩序的表现。因此，当夫妻两人因政治的"门当户对"走到一起但又没有什么感情时，多数家庭仍然勉强维持，因为在巨大的压力之下，离婚带来的社会代价和心理代价通常是双方都无法承受的。

电影《桃花运》里，讲到一对恋人在性价值观方面的冲突。女孩的父母是大学教授，她的思想比较保守。男孩从外国留学回来，思想比较开放。男孩就觉得可以先试婚，如果感觉好就结婚，不行就分开。试婚的话，就要发生性关系，女孩坚决不同意。每次男孩有那种意向，女孩就激烈地反抗。一开始，女孩觉得男孩心理有问题，初夜是要留在结婚当晚的，怎么可以这么随便呢？再说，谈恋爱就是奔着结婚，为何非要试婚呢？男孩心里也在怀疑女孩是不是真的爱他。这个女孩就是第一车道上的人。

受长期封建思想的影响，现在很多女性依然觉得自己的初夜给了一个男人，就要嫁给他，即便婚姻生活不快乐，也要忍受下去。性在中国的文化里，是很隐秘的话题，也是很神圣的话题，有些人甚至把性看得比生命还重要。

第二车道——出现了婚外情

在 20 世纪 50 ～ 70 年代，婚恋基本上都是单行道。但是随着社会经济的开放，我们的婚恋爱情观受到了西方文化的冲击。越来越多的人从以前的性保守主义扎进了西方的性自由与性开放的文化中，婚外情开始在婚姻的舞台上上演，离婚的人群也越来越多。

早在 20 世纪 80 年代，就有学者对离婚的原因进行了分析，他们发现，由于第三者插足导致离婚的概率越来越大。北京某区曾调查发现，在 1982 年由于第三者插足导致离婚的人数，占离婚总人数的 14%；1983 年，这个占比上升到了 30%；1988 年甚至达到了 40% 左右。上海徐汇区也对此现象进行了调查，发现在离婚案件中，夫妻一方或双方都有婚外情的情况占了总数的 35%，武汉某区的调查数据更高，竟达到了 60% 以上。

其实，我们每个人刚开始都是第一车道的人。如果不考虑婚姻忠贞，有些人就会转向第二车道，甚至会同时拥有好几位性伴侣。在他们的观念中，不认为这是忠贞问题，而是男人的"面子"问题，于是就这样盲目跟随潮流去出轨。

为什么会有这么多婚外情出现？现在人们不再为吃喝发愁了，追求精神上的享受已是一大趋势，这种精神上的愉悦也包括对甜蜜爱情的追求。如果妻子不能满足丈夫对爱情的幻想，有些男人就会在外面寻找自己心仪的对象，追求自己浪漫的婚外情。另外，也有些女性主动对已婚男子士投怀送抱，这时男人能不能禁得住诱惑，就得看他对现阶段婚姻的态度了。如果男人对现阶段的婚姻很满意，他就不会做出出格行为；反之，两人一拍即合，你情我愿。

当然，"婚外情"不是男性的专利。在这"男女都一样"的时代，女性也更多地走出家庭。她们不太愿意受伦理的约束，为了自己的幸福，也会大胆追求或者接受那份在她们看来能带来幸福的"感情"。有些女性是贪图物质享受而出轨，有些则是寻求精神安慰而出轨。但不管是哪一种出轨，都反映了女性对现阶段的婚姻不满意。

人们对婚姻不忠贞，尽管存在着内在自我需要满足的心理动机，但他们对家庭责任感的丢失依然是不容忽视的。正如个体心理学之父阿德勒所说，如果谁认为在爱情里三心二意是正常的，他就不适合结婚。如果两个人都想要自由，那么他们就没有真正的爱情。如果一个人同时爱上两个人，两个都爱他才感到自由，那这其实意味着这两个他谁也不管。由于"承诺"这个重要爱情元素的缺失，人们在第二车道其实寻不到真正的幸福。有些人在第一车道时，一些内在自我的需要没有满足，他们在第二车道很快也就会发现，对方也只能满足其一时，而满足不了其一世。

因此，无论男人还是女人，自我成长依然是最为重要的。只有自己成长到有幸福的能力了，才会具备在爱情里自如变换自我角色的能力，才能实现父亲自我、男人自我、内在小男孩、母亲自我、女性自我、内在小女孩六个角色与时俱进的匹配，并且拥有对家庭文化进行融合的能力，才能经营得了幸福的婚姻。

第三车道——同性恋人群

随着经济继续发展，社会越来越开放，又出现了第三车道，这个车道主要是同性恋行走的。

同性恋并不是现在才有的，古代很早就有关于同性恋的记载。龙阳君是中国历史上第一个有记载的同性恋者，生活在公元前243年前后，也就是战国时候，龙阳君像女子一样婉转媚人，得宠于魏王，因此被封为龙阳君。魏安厘王对于龙阳君的特宠，也使得"龙阳之好"成了同性恋的代名词。汉朝哀帝与董贤共寝，董贤压住了皇帝的袖子，皇帝不忍惊醒他，"断袖而起"，这又是一个著名的同性恋故事。近代我国称同性恋风气为"男风"，又称"南风"，因为这一风气"闽广两越尤甚"。男同性恋者互称契哥契弟；女同性恋者则结拜金兰。

虽说新中国成立后，最高人民法院曾发文指出成年人自愿的同性性活动，"以不办罪为宜"，但同性恋问题依然被视为"流氓"活动。

那时候，同性恋者不但在我国得不到尊重，在世界范围内也受到很多不公平的对待。1969 年，同性恋群体爆发了，他们在美国组织了大规模的游行活动，据说有四百万人参加游行。他们的反抗是有效果的，一些国家相继通过了"同性伴侣法"或"同性婚姻法"，承认同性恋者的结合可以享有与异性婚姻同样的权利，包括给予对愿意结合成配偶的同性伴侣与异性婚姻相同的社会福利、保险、财产继承权利。

我国的同性恋人数也是很庞大的。长期致力于同性恋问题研究的青岛大学教授张北川估计，目前，我国 15 ～ 60 岁的同性恋人数约为 3000 万，其中男同性恋、双性恋 2000 万，女同性恋为 1000 万。2004 年 12 月 1 日，中国卫生部门通过调查做出估算，中国有 500 万至 1000 万男性同性恋者。

有些同性恋者在日常生活中，往往向家人隐瞒自己的性取向，不得已还会选择与异性结婚。有时候试探性地问身边的朋友，对同性恋的看法是怎样的，大部分人都会说，"只要我身边的人不是同性恋就好了"。他们得不到家人及朋友的理解与尊重，生活得很压抑。

自同性恋产生以来，人们就没有停止对其成因的探究，那么同性恋是怎么形成的呢？

美国国立癌症研究所的丁·汉默发现同性恋与基因有关。X 性染色体上有一个叫作 Xq28 的基因，是这一基因决定了人们在性指向上是同性恋。汉默调查了 40 名男性同性恋者，经他们同意提取其细胞做基因检测。结果发现，这 40 人中，有 30 多人 X 染色体中具有相同的 Xq28 基因，因此认定 Xq28 基因可能控制着男性的同性恋行为和趋向。不过，也有人对这一结果产生怀疑，因为据说汉默本人就是同性恋者。但随后的一些研究也不断地表明，同性恋的确与基因具有某种联系，有其内在的生物学基础。

除了生理因素外，社会因素和心理因素也是导致同性恋取向的原因之一。其中比较有影响力的观点主要有精神分析学说和行为主义学说。

弗洛伊德认为个体在幼儿时都具有两性素质及双性恋特性，到底发展成同性恋还是异性恋是与其成长经历有关的。他认为4～6岁是儿童性别认同、性别角色发展的关键时期，在此期间儿童有着强烈的"恋父情结"或"恋母情结"，对异性的父母有着本能、强烈的依恋情感，而对同性别的父母则产生敌对情绪。父母如果在此期间对儿童的这种本能不过分刺激也不过分抑制，儿童就会顺利通过这一时期而随后逐渐对同性父母产生认同。反之，如果在此期间儿童遭受心理创伤，隐藏在潜意识里，并且在青春期时表现出来，就可能发展为同性恋。

行为主义者认为，同性恋由环境影响形成。一个人在青少年时期，如果在与异性交往中受挫或者有过不快的经历，他的异性情感没得到正常的发展，如果此时又受到了同性方面的引诱，就可能产生同性恋倾向。

虽说学者们对同性恋的成因进行了许多方面的探究，但是彼此间的因果关系及作用机制问题尚未统一定论，所以要想清楚地了解同性恋的成因，我们还有很长一段路要走。

第四车道——丁克一族

丁克是 DINK 的谐音，DINK 是英文"Duple in no kiddy"的缩写，意思是"双收入、无子女"。所以丁克一族的基本特征就是夫妻双方都有收入，但是他们不想生孩子。

丁克一族一般受过高等教育，他们有比较高的文化水平与较高的收入，他们一方面全身心地投入工作，另一方面注重精神享受。他们从父母身上看到了，父母为孩子操劳一生，并舍弃掉了自己想要的生活与事业。他们不想走父母的老路，不想成为"孩奴"。通过丁克一族的特点，我们很容易看出女性在丁克家庭中的作用。一个家庭是否愿意丁克，选择权也往往掌控在女性手中。因为有了孩子，女性就要承担更多的义务，就要花费更多的时间与精力来照顾家庭，她们可能就要舍弃浪漫的情怀，可能要放弃工作，取而代之的是洗衣做饭、柴米油盐这些生活琐事。她们不愿意舍弃自己的私人空间，不愿舍弃二人世界，所以丁克就成了很多女性的选择。

丁克家族在我国出现是在 20 世纪 80 年代。据统计，当时上海市不要孩子的夫妻占全市夫妻总数的 2%～3%，人数估计超过 5 万；北京市 1984 年结婚的夫妇中不愿意生育的人数只有 3 万，到 1989 年底猛增到 10 万左右。2004 年，全国妇联曾对外公布，目前中国大约有 60 万个丁克家庭。

以前，有哪家不要孩子，那可是要被当作另类的，不仅要受到亲戚的指责，还会受到邻居、朋友的嘲笑。但是现在这样的事已经不足为奇了，要不要孩子完全由夫妻二人决定，旁人也很少插手了。这种家庭已经慢慢被社会大众所接受和承认。

总之，我国的婚恋观念、性价值观正在一步步地走向开放。从单一车道拓宽为四车道，这是人们追求多元化的结果。虽然现在关于性的话题仍不是很开放，但与过去相比，我们的进步也是明显的。

心理成长体验

在一张 A4 纸上，画一条大道，名叫"幸福大道"。然后，想象这条幸福大道上，走来一个动物，把你想到的这个动物画出来。然后，在这张 A4 纸的背面，为这个动物编一则关于它的幸福的神话故事。写完这个故事后，想一想这个故事给自己带来哪些启示。

参考文献

1.侯磊.建国初期全国禁娼运动述论[D].天津商业大学，2012.

2.韩頔.建国初期新型婚姻家庭关系下的妇女解放研究（1949-1956）[D].广西师范大学，2014.

3.胡翼青.从"禁欲"到"纵欲"：1950—1970年代中国人的性观念[M].文化纵横杂志，2017.

4.孙小蒙.从心理学角度探究"婚外情"现象[C]."改革开放与心理学"学术研讨会：湖北省暨武汉心理学会学术年会，2008.

5.李淑华.婚外情：法律制裁与道德约束缺一不可[J].安庆

师范学院学报（社会科学版），2007(4).

6.[奥]阿尔弗雷德.阿德勒.自卑与超越[M].北京：中国妇女出版社，2017：200-201.

7.吕莉.同性恋：一个沉默的族群[J].医药与保健，2005(1)：46.

8.童莉.中国首次公布男同性恋人数及感染HIV病毒情况[J].性教育与生殖健康，2005(1)：62-63.

9.同性恋不全属心理异常 科学家认为存在同性恋基因，南方周末.

10.于茂河，王栩冬.男性同性恋成因的研究进展[J].中国性科学，2015(6).

11.李阳，张延华，张海霞.同性恋形成机制探析[J].医学与哲学，2007，28(11)：50-51.

12.马文靖.浅析同性恋成因中的心理、社会因素[J].科技信息：学术研究，2008(11)：161-162.

13.郭栋.丁克(DINK)家庭与青年生活方式的变迁[J].青年探索，1994(5)：19-21.

14.潘允康.当代中国家庭大变动[M].广东人民出版社，1994.

15.吴海华.从丁克家庭看现代社会生育观念的转变[J].太原师范学院学报（社会科学版），2010(6)：55-57.

第十九章

女人你的名字不是弱者

女人应该怎么做，才会有好的爱情、好的婚姻呢？我们之前讲的婚姻故事，很多都是把婚姻不幸福的原因归因在别人身上。但是，我们不能把自己的幸福建立在别人的能力、慈悲上，我们要从自身找原因。那么，我们在婚姻中应该怎么做才会拥有幸福？我们要怎样掌控自己的人生？

经济、精神的依赖与独立

改革开放以后，中国社会进入一个大变迁时期，不论城市还是农村，都发生了深刻的变化。作为社会的细胞，家庭中夫妻的关系也呈多元化状态。儒家传统的"男主外女主内"的关系已不是必然，虽说这种传统思想仍在很大程度上影响着家庭伦理关系，但也并不是"女人顶着半边天"，如今的夫妻关系是介乎两者之间的、既依赖又独立的关系。

婚后，夫妻双方生活在一起，除了精神上的相互联系之外，还有经济上的联系。基于此，根据经济和精神上依赖程度的从弱到强，有学者将婚姻内的关系分为经济与精神的双重独立、经济依赖和精神独立、被动型精神和经济的依赖、主动型精神和经济依赖四种类型。

1. 经济与精神的双重独立

能够做到这种状态的女性，不再惧怕离婚。如果遇到丈夫家暴或者出轨的情况，女方会直接递上离婚协议书，即便有了孩子，她们也会奋力争取孩子的抚养权，她们不会担心以后的路，也不惧怕开启自己新的人生。有研究表明，离婚女性并不比处在婚姻冲突中的女性更难过，尽管刚离婚时体验到抑郁和痛苦，但在离婚两年后，女性要比她们在婚姻的最后一年过得幸福。

2. 经济依赖和精神独立

中国的传统文化认为女人就应该在家庭中相夫教子，成为某个男人专属的传宗接代的工具，而丈夫则承担着养家糊口的任务，这样的家庭才是幸福的家庭。但是，传统文化中的幸福在新时代多少都会有些缺憾。事实上，女性如果在经济上依赖丈夫，以婚姻来交换金钱，多少都会遭到丈夫及其家人的轻视。这样的女性是不幸的。

3. 被动型精神和经济的依赖

传统的性别角色定位，使女性固定在照顾家庭和孩子的角色中，让女性越来越依赖男性，最终成为男性的附庸。爱情对女性来说显得更为重要，但是也带有极强的工具性。对男性来说，爱情只是他人生中的一部分。而对女性来说，守着一位事业成功、地位显赫的丈夫则是她们生活的重要内容。深受这种传统文化影响的女性，她们在精神和经济上完全依赖丈夫，就算自己心里不舒服，也会甘愿守着自己的丈夫与孩子的。

4. 主动型精神和经济依赖

这类女性相信与自己相比，男性能够更多地在社会上占有资源，他们具有更高的受教育程度、更多的工作经验，并且男性事业有成，收入颇丰，整个家庭也会过得很好。既然"舍己保夫"的行动策略能够使全家获益，何乐而不为？出于家庭利益的考虑，女性做出了自我牺牲，这就是主动型精神与经济依赖。

在这四种类型中，只有经济与精神的完全独立，才能使女性在婚姻关系中享受到平等、尊重的待遇。可是，现阶段有多少接受过高等教育的女性做到了这些呢？这是一个很现实的问题。

女性独立和幸福感

要研究婚姻中女性的依赖和独立，不可忽略女性的幸福感。幸福感，就是主体对于幸福的一种感觉。它受到许多复杂因素的影响。经济因素，例如就业状况、收入水平等；社会因素，例如教育程度、婚姻质量等；人口因素，例如性别、年龄等；文化因素，例如价值观念、传统习惯等；心理因素，例如性格、自尊程度等。

女性通过职业经历增加获得资源的能力。工作不仅可以带来社会地位，还能带来满足感和幸福感。有学者曾对女性有无工作与幸福感的关系进行研究，结果发现职业女性的幸福感水平稍高于全职家庭主妇的幸福感水平。由于我国普遍缺乏对家务劳动价值的认可和尊重，而且全职家庭主妇通常与没有财政支配权利、家庭地位降低、放弃自我发展、与社会脱节等消极后果关联，所以全职家庭主妇的幸福感并没有因为避免了"工作—家庭"冲突而提高，反而会降低。

通常来说，男性通过在事业上金钱、权力和威望的获得来实现成就感，而女性则不同，她们更倾向于通过职业来发展自由和独立的感觉。在婚姻生活中依赖性强的女性，尤其是没有工作的女性，当失去了收入的保障，她们的婚姻质量就会降低，幸福感也会随之降低。

另外，性别角色观念也会影响其幸福感。有研究表明，无论是未婚女性还是已婚女性群体，性别角色保守者的幸福程度明显低于性别角色开放者。由于性别角色观念涉及对两性的不同社会期望，尤其包含了对女性能力、价值和社会地位的贬低，这可能会影响女性自尊。在已婚家庭中，保守者这种有损女性自尊的观念可能会破坏夫妻关系，降低双方幸福感；而开放、平等的性别观念能提升女性自尊，从而提高女性幸福感。

掌握自己的人生

有一个女孩，在家排行老大，家中兄弟姐妹多，她从小就要挑起照顾家庭的重任，帮父母卖菜和做小生意。认识男友时，女孩还不到 20 岁。男友家庭富裕，从小就很受父母宠爱，属于花花公子的类型。恋爱过程中，男友不断有新的女朋友。女孩个性很要强，一旦发现他有新女友，就不声不响地中断关系，不接他电话，也不找他。可是，过一段时间，男友又会来找她，于是便会复合。就这样分分合合过了两年，20 岁的她，嫁给了 22 岁的男友。

刚结婚，她就怀孕了，为了照顾丈夫的生意，她辞掉了自己的工作和丈夫一起创业。当时丈夫的生意刚刚起步，可他一点都不努力，每天只顾着玩，经常玩到凌晨两三点才回家，身边也会有不同的女人出现。她原以为结了婚他会改变，没想到结婚后还是这样。

儿子 3 岁那年，丈夫又有了外遇，她决定离婚。可是，考虑到儿子还小，自己能力有限，如果重新找工作，可能还要失去儿子。与其如此，还不如先把眼前的事业打理好。于是，她开始开拓自己的生意，到了她 28 岁那年，她的事业已经做得很不错，也积蓄了不少资金。可是，丈夫一如既往地不关心家，不管儿子，每天在外面风花雪月。

受够了丈夫的无情，她决定离开他一段时间。她办好手续，告诉丈夫要去英国读书，丈夫根本不相信。因为她之前一直没有离开过丈夫，别说坐飞机，连出省都没出过，丈夫不相信她能一个人漂洋过海到英国去读书。当时儿子刚上小学一年级，在学校寄宿，她心里也是万分不舍，却不得不咬牙下定决心。她觉得如果自己留下来，和丈夫的婚姻就真的到头了。

当她把机票拿给丈夫看时，他突然变得很伤感。这是他们认识 10 年来从未有过的。那几天，他开始每天回来吃饭，陪她一起去公司，一起去买东西，完全像变了一个人。

她飞往英国，开始在那边读书。半年后，学校放假，她问丈夫："想不想我回去？"他想了一下，说："想。"这对他来说是很难得的，过去他总是对别人抱怨，后悔这么早结婚，后悔娶了她。她想，既然他想她回去，那她也应该给他一个机会。

　　重回家乡，一切都不一样了。她不再每天追着丈夫问他在哪吃饭，跟谁在一起，也不会一见不到他就到处去找他。她有了自己的朋友和自己的圈子，开始了与过去不一样的生活。她本来想放完假再回去读书的，可是没想到回到家乡没多久，发现自己又怀孕了，只好留在家乡。

　　可是，没过多久，她就发现丈夫又有了外遇。当时，她挺着大肚子，心情非常忧郁。她哭了一个晚上，第二天自己出去买了套房子，毫不犹豫地搬出家门。后来，女儿出生后，丈夫希望她继续帮忙打理生意。她觉得，无论夫妻感情变得如何，生意都是不能放下的。所以，女儿一满月，她马上就出去打理生意。

　　渐渐地，丈夫也开始懂得收敛，回家的次数越来越多。她也懂得了爱情不是一个女人的全部，她还有事业，还有家庭，还有父母需要照顾。每当她很累时，她就会一个人跑到新疆旅游，让自己舒缓压力，工作时又可以精神饱满。

　　这位女性的故事，让我想起了我的心理治疗小说《谁在掌控你的人生》那本书。书中的主人公在人生的旅途中遇到许多挫折和考验，尤其是在情感关系上，但她最终没有放弃自己，找到了生命的意义，做回了最真实的自己。

　　在我 20 多年的职业生涯中，无数个女性朋友曾向我讲述她们婚姻中发生的故事，但大多数人只是在不断的诉苦中继续妥协，我把她们的婚姻称为"妥协的婚姻"。她们精神紧张地在一场场大大小小的"婚姻保卫战"中斗争，但大多都在这个过程中失去了自我。这让我们更清晰地看到，在婚姻保卫战中，真正和自己战斗的人是谁？是自己的内心。

只要你自己不放弃自己，只要人格独立，有手有脚，是不会生活不下去的。幸福还是属于你的。我们讲婚姻爱情的理论，讲爱情心理学的方法，但是最后也是绕不过自己。我们可能会学到很多方式挽留丈夫，但让自己闪闪发光才是最有效的途径。

女人要三分坚强，七分温柔

女人归根到底还是要有"三七开"，就是三分坚强，七分温柔。如果一个女人七分坚强、三分温柔，那么不仅男人很受苦，孩子也会不好，自己也会不舒服。反过来，男人也应该是"三七开"，就是三分的温柔如水，七分的刚强、勇敢拼搏。这是非常重要的。

女人你的名字不是弱者，因为女人是水，水是最柔的，水也是最刚强的。

男人是很刚强的，但是男人很容易被折断，而女人往往是柔中带刚。所以，女人并不是弱者。故事中，女孩体现了很多她刚毅的部分。这让我们更加坚信，一定要帮助婚姻中的个体提升其心理品质，比如自强自立的品质，双方一旦都具备了，夫妻合在一起，婚姻品质就出来了，所以婚姻治疗就是提升夫妻的心理品质。

有一位网校学员曾分享了她的经历："我现在是一位家庭主

妇，没有自己的工作。以前觉得为了丈夫和孩子做一个家庭主妇，会有很多的抱怨，很羡慕其他女性有工作，有自己的工作事业，觉得自己一无是处。但是，我现在在网校学习心理学，就改变了自己的认知。现在如果有人问我为什么不去上班。我很坚定地说，我要在家里照顾小孩，照顾丈夫，我想用心地帮助我的家庭。这是我以前从没有过的想法。现在我学习心理学，偶尔做自己喜欢做的事。我发现当我有了自己的喜好，丈夫就开始有危机感了。那一刻我真的觉得，其实自己还是挺有魅力的，很开心被丈夫在意。"

所以，即便是家庭主妇，只要找到自己喜欢做的事，还是一样可以充实自己的生活，还是一样可以过得很快乐。男人其实很矛盾，一方面他希望自己的妻子乖乖听话，另一方面他又不喜欢太听话的女人。如果妻子真的听话，他又觉得很失望；如果妻子真的不听话，他又觉得很害怕。很多男人在心中都会把妻子当成母亲的一部分。我们希望母亲是自立自强的，是有力量的，是有自我的。我们不喜欢一个窝囊的女人，也不喜欢一个没有自我的女人。女人一定要活出自我，活出自己的价值，不能把自己的幸福仅仅停靠在男人的臂膀上。

我为自己而活

前面故事中的这位女性，她去英国学习，回来以后丈夫对她不同了。虽然后来丈夫又出轨了，但是没关系，她的幸福不建立在别人的意志之上，她继续走她的路。这是很关键的。不为别人而活，她为自己而活。

我身边有一个朋友，她当时嫁给了一个离婚的男人，那个男人和前妻离婚后，有个孩子在身边，所以男人就要求现任的妻子照顾好家庭，她当时就答应了。其实，当时她也有自己的事业，她是做保险的工作，业务能力也很突出。

后来，她发现即使答应了丈夫回归家庭，可丈夫对她也并不满意，在日常的生活中还是会产生很多摩擦。看来，丈夫所说的让她不要工作，待在家里做全职太太，也不完全是丈夫想要的状态。后来，她意外接触了她所钟爱的一个领域，就决定要做成一项事业。这期间，她已经有六年左右的时间没有出去工作了。她接触了这项事业之后，丈夫又再次反抗，对她说："如果你还是要你的事业，我就不回家，或者我们就离婚。"

但是，这一次，她不再屈服了，因为她发现即使放弃自己原有的东西，也达不到丈夫满意的状态，平时的吵吵闹闹就是事实，这次自己为什么还要妥协？所以，她就果断地选择了离婚。其实，当时她的事业才刚刚起步，几乎是一无所有。但她的精神状态要比之前好很多，整个人年轻了五六岁。因为她找到了自己。如果一个人没有了自己，别人怎么可能会爱你呢？

身边很多很多案例都告诉我们，做自己，才可能有被爱的机会。一旦丧失了自己的话，真的是什么机会都没有了。就算有情绪，我们还是可以去客观地看待情绪，我们还是可以去选择怎么做。就像前面的婚姻故事中的那位女性一样，在丈夫第一次出轨时，与后面再出轨时，她的处理方式是完全不一样的，这就是她自己的选择权。当你拥有了这个选择权之后，就有可能发生你所希望发生的事情。

心理成长体验

用自己的左手代表丈夫，用右手代表自己，然后，在生活中挑战一些事情，只用右手完成，左手不参与。在这个过程中，注意体会自己内心的感受。

等挑战成功时，对自己的左手说："谢谢你，现在，你不再代表我的丈夫，你又是我的左手了。"然后，恢复左手正常做事情的功能。

参考文献

1.池丽萍.中国人婚姻与幸福感的关系：事实描述与理论检验[J].首都师范大学学报（社会科学版），2016(1)：145-156.

2.沈静.论婚姻中女性的依赖与独立[D].复旦大学，2012.

3.阳钰.女性主观幸福感及其影响因素探析[D].湖南农业大学，2016.

3.黄宇.婚姻家庭法之女性主义分析[M].群众出版社，2007.

第二十章

家庭的未来

在前面的章节里，我们说了很多我们应当具备什么样的能力，什么样的科学方法，怎样处理我们在婚姻爱情经营中的危机，怎样化解那些不利的影响因素，等等。现在，我们将进入一个婚姻爱情关系经营的新阶段。从家庭生活的角度来看，人们也是无时无刻不在追寻着家庭幸福的来源。而一个家庭的幸福，不仅仅包含着物质财富的满足、家庭文化的传承，也包括了个人理想的实现、自我的成长，这些都是人们在家庭中对于未来的展望。

家庭展望的理论

1943 年，美国心理学家亚伯拉罕·马斯洛在《人类激励理论》论文中提出了他的需求层次理论。马斯洛理论将人类需求像阶梯一样从低到高按层次分为五种：生理需求、安全需求、爱和归属的需求、尊重的需求和自我实现的需求。在自我实现需求之后，还有自我超越需求，大多数人会将自我超越合并至自我实现需求中。

在人们展望家庭未来的过程中，我们发现人们所希望实现的就是人们对于各种需要的满足的过程。过去，人们求的是温饱得以解决、安全不受威胁，满足物质需求和安全需求，让家族得到繁衍。渐渐地，人们开始追求在婚姻中获得心理上的幸福和满足，则更多体现的是自尊需求、爱与归属的需求。渐渐地，当人们开始了对于美的探求，开始进行个人精神世界的追寻，则体现的是对于自我实现、自我超越的需求。随着时代的进步，我们有了更多的可能。我们既可以选择先满足低级需求，再逐渐去实现高级需求；也可以选择在满足高级需求的过程中，实现从低级到高级的一系列需求的满足。我们在对家庭的未来进行展望的过程中，就可以清晰地看到我们的需求和态度。

家庭的功能主要有八大方面：经济功能、生育功能、性生活功能、教育功能、抚养与赡养功能、感情交流功能、休息与娱乐功能、心理成长与发展功能。

家庭生活离不开一定的物质条件。每个家庭都需要一定的居住空间，需要一定的生活用具和设备等。"柴米油盐"一样都不能缺，衣、食、住、行没有一样不需要满足。"贫贱夫妻百事哀"，就是古人们对于物质需要得不到满足的深刻描绘。从古至今，人们在谈及婚嫁之时，都摆脱不了对于物质方面的要求。物质需要的满足仍旧是影响人们择偶的重要因素之一。因此，在家庭未来的展望中，对于财富的积累，是一项重要的内容。

在婚姻家庭中，两性关系的质量、亲子关系的质量是非常关键的部分。生理需要、安全需要、爱和归属的需要、尊重的需要、自我实现的需要的满足都会受到两性关系和亲子关系的影响。因此，如何经营好两性关系和亲子关系，要为之进行哪些积极心理品质的提升，要做出哪些积极行动，要做出哪些自我成长，都是我们在家庭未来建设中必须做的工作。如果连努力都不肯努力，那就不要妄想天上会掉下来一份"幸福"了。美好的婚姻家庭，一定是学习成长、用心经营的结果。

家庭还是每位成员身心成长的地方。即便已经是成年人，也一样有着成长的需求。除了生理上在不断地变化，我们的人格也是终身发展的，精神追求也是终身发展的。成长与超越是我们一生的需求。在这个过程中，我们的心理品质、心理能力，也会不断地变化发展。我们家庭的未来，在很大的程度上，也与家庭成员的心理素质息息相关。

幸福婚姻计划书

让我们静下心来，做一个规划，规划一下自己婚姻道路的未来。我想，我们可以写一份计划书，名叫《幸福婚姻计划书》。如果你没有结婚，就写一份《我的爱情计划书》。在计划书里，写上自己在未来可以提高的地方。

第一部分，积极品质建设。你觉得在未来，自己有哪些心理品质是需要提升的？这些心理品质提升之后，会对自己的婚姻爱情质量有所促进，让你对两性关系更加运筹帷幄，比如尊重、宽容、忍耐、创新、自信、学习力、勇敢等。写下你需要提升的心理品质，写下你将如何提升这些心理品质。

第二部分，积极行为建立。写出你要去做的一些对自己的爱情、婚姻家庭有积极促进意义的事情，并写出为什么要做这几件事情，以及计划如何实施。

第三部分，积极自我提升。从自我提升、自我成长的角度，写出自己能为爱人和孩子做的一些事情。这些事情，自己做了之后，能够使爱人和孩子更快乐，身体更健康，促进家庭中爱的流动，让感情的甜蜜度提升。请注意，不是去改变家人，而是自己去调整，去行动。

正在阅读此书的你，也可以行动起来，找来纸和笔，完成自己的计划书。因为只是知道了道理、方法是没有用的，只有落到实处，落实到行动上才会有所改变，这才是真正的"知"。为什么有些人总是学了很多，最后生活质量却没上去？说了很多道理，给别人讲也可以，自己却不行，原因是什么？就是因为不是真正的"知"，那是一知半解，那叫假明白、假聪明，我们一定要具体去做才行。

当我们在诉说过去的不好时，时间就悄悄地过去了。当我们在想着怎样去改变对方时，时间又过去了。当我们在告诉别人自己现在遇到的困难多么大、多么不能解决时，时间又过去了。当我们一直沉浸在不好的体验中，时间就是这么溜走的。这对解决问题、改变环境，是没有多大用处的。改变不好的体验，需要的是积极的认知与行为。那怎样才能激发积极的认知呢？我们此时在这里写下计划书，就是激发积极认知的过程，就是坚定自己积极思想与行为的的过程。

孟子曾说："挟泰山以超北海，语人曰：'我不能。'是诚不能也。为长者折枝，语人曰：'我不能。'是不为也，非不能也。"就是说要一个人把泰山夹在胳膊下跳过北海，这人告诉别人说："我做不到。"这是真的做不到。要一个人为老年人折一根树枝，这人告诉别人说："我做不到。"这是不愿意做，不是做不到。我们在生活中，也会有这样的情况，面对一些事情我们会找理由说自己做不到。其实所有所谓的大事，尤其是在婚姻家庭中，哪有什么大事？扫一下地，洗一下碗，都是鸡毛蒜皮的事情。幸福的人就是在这些小小的行为上做了一些努力的。如果我们把这些行为理解为婚姻两性关系中的善意、善行，也是可以的。

婚姻家庭技术不是教你回家修理你的另一半，不是教你痛苦的归因，也不是让你了解更多的方法与技术，而是让你去行动，用自己的积极行为来改善家庭的人际互动，改善家庭的不良文化动力。

学员分享1

这个技术是我专门带领学员现场参与的。接下来，我们来看一些学员分享的《幸福婚姻计划书》吧。

董女士：在写的过程中，应该说是对自我的一种思考吧，因为这里面的内容包括自我提升，还包括我应该为家庭做的一些事情。女人是家庭阵地的指挥官，女人的成长其实会带动家庭的成长的，女人在这里是有一份责任的。

对我先生来说，第一方面，我要多跟他谈谈心，因为我们都是学习理工科的人，从性格和思维方式来说，他也不是太善于沟通的人，但是他用他的行为来表达他的爱。我觉得为了我们的家庭更和谐，两人更合拍，还是有必要和他谈谈心的。第二方面，他很喜欢锻炼身体，我也要多陪陪他，这也是我对自己的一个要求，陪伴他一起锻炼。这样相处的过程，其实也是感情升华的一个过程。第三方面，我要更多地陪伴他一起回老家去看看他的母亲，陪伴一下老人家。因为他是长子，他父亲过世，现在家里只有老母亲。所以，我作为媳妇，在这方面也有义不容辞的责任。我是懂得他这份孝心的，那我也要跟他一起去尽孝。

对我女儿来说，她现在已经 16 岁了，我觉得她成长到这个阶段，我要更信任她，相信她能够管理好自己，能够做得更好。其次，我还是要继续陪伴她，爱她，让她知道妈妈随时都在她的左右。再次，就是我需要历练的，我要学会放开她。因为孩子长大了，其实有时候不是说孩子离不开家，而是父母离不开孩子。这在某种程度上，会束缚孩子未来的发展空间，我希望我的女儿能够有更广阔的空间。

学员分享 2

王女士：我觉得在写这个计划的过程中，我体验到的更多的是自我反省。我和婆婆的相处还可以更好一些，我对我家先生的爱的能力还不太够，我对小孩的陪伴也不够，这是我主要的反省内容。我写了几件事情的计划，准备回去做。

首先是我要为家庭做的事情。我想对我的婆婆多一些主动的关心，因为我很少主动关心她。我结婚 16 年，都没有多少次回去看过她，因为我心里一直都对她有抱怨。我结婚她也没管过我。她家里还有一个小儿子，我就一直觉得她偏袒她的小儿子，真实情况也是她把多年的积蓄和家里的一些东西都给了小儿子。大儿子结婚以后，他们基本没有管过。我跟先生两个人在外面闯荡很不容易。走到今天，我回想以前的种种，发现我对婆婆的抱怨有点过分了，我想要对婆婆进行一些弥补。以后要主动地给婆婆打电话，问她需要什么，可以给她买什么，主动地去关心她。对婆婆好了，先生肯定也会认可，夫妻关系也一定会得到改善。不是说现在夫妻关系有什么不好，而是要让夫妻关系更好。如果没有学心理学，可能这件事情一直都会压在心里，不跟别人说，因为我以前应该也是一个比较自私的小女孩，就只知道抱怨，只知道向婆婆索取一些东西。但是，今天走到这里，我确实是成长了。

对于先生，结婚 16 年，我一直都是小女孩的角色。我爱人是一位大学老师，他是一个非常善良的人，我觉得这辈子嫁给他是非常幸福的事情。我从小就没有得到太多的父爱和母爱，我先生了解我需要什么，他很包容我，可正是因为先生对我这么好，我就像我的朋友说的是一个被宠坏的女人，包括我的一些行为。比如我从不排斥别的男人对我的关心，他们送我东西，我也都接受。现在想来，也是有点愧疚的，我觉得对不起先生，没有考虑他的感受。到今天为止，我不能说我的心已经完全回归在我的爱人身上，或者我可以结束外面的一些事情，但是我想我可以为我的先生做得更好一点。

对于孩子，我希望给他更多的陪伴。现在孩子的教育也好，成长也好，都是我的爱人在管。我爱人非常包容我，我做什么他都支持我。他知道我不会太坏，因为他相信我骨子里面还是善良的。太激动了，谢谢大家。

学员分享3

李女士：刚才写了这个婚姻报告，通过写的过程，更加澄清了一些问题，我知道自己下一步应该怎么去做了。我一直认为自己的婚姻很好，也很幸福，现在我才发现孩子给我们敲了警钟，让我看到了问题。因为我先生一直很包容，才没有使我们的问题暴露出来。现在，我觉得我真的是要反思一下了。

我想，今后要提升一下自己的心理品质。因为我自卑，没有价值感，导致了我在家中有很强的控制欲，我控制孩子，控制先生，要他们一切都按我的安排来。

我总以为自己的教育理念（尊重孩子，鼓励孩子）是对的，先生稍微对孩子有一点的不满或者是训斥，我就制止，这对先生其实是不公平的，因为剥夺了他作为一个父亲的权利。我同事跟我说，你先生跟别人说话的时候，总要看着你的眼睛。后来，我也发现了。我觉得我给予他的爱太少。我需要改善的，就是陪他一起和他妈妈聊聊天，因为我跟他妈妈说话，即使谁也听不懂谁说话，先生在旁边听着可开心了。还有，我要经常给他熨熨衣服，因为每次我熨的衣服他都舍不得穿。

对于孩子，我总是抱怨他不跟我说心里话。其实孩子很敏感，他跟我说的话都不涉及他的心里话，因为我一张嘴就带着目的。我想，下一步，真的是要敞开心扉，不要带着控制欲去跟孩子聊天，这样我们的关系肯定会有所改善。

现在，我就想着回去要去落实，要去行动，为了这个家，为了他们两个，我要好好地学习。

感谢遇到的人

人的心灵就是这样变化的，就是在这样慢慢的变化中，我们成为过去想都不敢想的那样一个更好的自己。这不是自欺欺人，这也不是阿 Q，我也不愿把这归为积极心理学的力量，这本就是我们人性中的善良之光。

在我看来，婚姻实现着我们的社会功能与心理功能，实现着我们作为一个完整的人的发展。爱情，让我们在与另一个更像自己的人的互动中，成为更好的自己。所以，我们真的要充满感激。我们在人海中能够牵手在一起，那真是不容易，遇到的每一个爱人，每一个恋人，每一个重要的他人，都在帮助我们成为更好的自己。他之所以吸引你，就是因为他身上有你没有完善的那部分；你讨厌他哪个部分，恰好就是你自己还没超越的部分。

在每一段人生时光中，你所遇到的爱恋之人，都可以帮助你成为更好的自己。所以，我们说，借助爱情去成为更好的自己吧，我们应该心存感激，感激遇到的一个个让我们心动的、对我们好的人，感激我们在与爱恋之人互动中的这一段关系。